동일본대지진과 핵재난 — 와세다 리포트 12

재해에 강한 사회를 만들기 위하여

과학자의 역할과 대학의 사명

가마타 가오루 엮음
鎌田薫
전성곤 옮김

우라노 마사키(浦野正樹)
오카 요시아키(岡芳明)
스즈무라 고타로(鈴村興太郎)
하마다 마사노리(濱田政則) 지음

고려대학교출판부
KOREA UNIVERSITY PRESS

災害に強い社会をつくるために: 科学の役割・大学の使命
鎌田薫 編

머리말

일본은 장기간에 걸친 경제적 불황과 소자小子화 및 고령화의 급격한 진전, 그리고 주변 신흥국가들의 경제성장 영향으로 사회구조의 대담한 변혁이 필요하게 되었다. 이러한 상황에서 거대 지진과 쓰나미, 그리고 원자력발전소 사고라는 미증유의 대재해를 겪게 되었다. 이를 계기로 과학기술이나 학문의 자세에 대해서도 고민하게 되었다.

이 책은 이러한 국면, 즉 위기 상황에서 대학은 어떠한 역할을 할 수 있으며, 그 역할을 위해 대학은 어떻게 변해 가야 하는가를 스스로에게 묻는 작업의 일환으로 기획된 것이다. 다행히도 종합대학인 와세다早稲田 대학은 이 사태를 직시하고 전력을 기울이고 있는 일본 최고 수준의 연구자들이 많다. 그중에서 원자력공학, 방재공학이라는 자연과학계열 분야와 재해사회학, 경제정책학이라는 사회과학 분야를 대표하는 전문가 네명의 와세다 대학 교수가 참가하여 이 문제를 진지하게 고민해 보았다.

제1부는 각각의 교수들이 각각의 전문 분야에서 '진재 후'에 직면한 문제를 출발점으로 삼아, 일본이 지금 '무엇을 해결하지 않으면 안 되는가'를 분석하고 제언을 했다. 제2부에서는 이러한 과제를

달성하기 위해 대학은, 그리고 한 사람 한 사람의 연구자는 '무엇을 해야 하는가'를 논의했다. 그리고 마지막으로 일본이 나아가야 할 방향에 대해서도 토론해 가는 형식으로 구성되었다.

이 책을 읽기 시작하면 금방 알 수 있는데, 네 명의 교수는 공통적으로 자신의 연구에 대해서 아주 엄격한 자세를 취하고 있다. 그리고 사실 그대로를 여러 각도에서 조사하여 검증하는 성실한 자세를 갖고 있다. 이런 점들은 지금 대학에서 배우고 있는 학생들이 자유로우면서도 자립적인 정신을 갖고 세상에 나아가 타인을 위해 헌신적으로 행동하기 위한 전제가 되는 기본적 자세와도 일맥상통한다. 와세다대학 창립자인 오쿠마 시게노부[1]가 표현하는 '모범국민'인 것이다. 그런 의미에서 각각의 장에서 배울 점은 매우 많다.

독자 여러분들도 이 책을 계기로 사회란 어떤 모습이어야 하는가, 그리고 그 미래상을 실현하기 위해서 스스로 어떠한 역할을 해야 하는가 각각의 위치에서 사색하고 토론해 가기를 부탁드리고 싶다.

2012년 8월

가마타 가오루鎌田薫

---

1 오쿠마 시게노부大隈重信(1838.3.11-1922.1.10)는 정치가, 교육자이다. 정치가로서는 참의參議 겸 외무부장관外務大臣, 농상무장관農商務大臣, 내각총리대신內閣総理大臣, 귀족원위원貴族院議員 등을 역임했다. 와세다대학 창설자이며 초대 총장을 지냈다.

차례

※ 표지 사진 : 후쿠시마 원자력발전소(도쿄전력 제공)
※ 본문 사진 : 와세다대학출판부 촬영

제1부
진재震災 후
연구자로서 생각한 것

제 1 장

지역사회학 · 재해사회학 시점에서
—지역의 취약성을 응시한 '복원=회복력' 강화

—우라노 마사키浦野正樹

1. 과소過疎, 고령화사회에 던져진 과제 — 동일본대지진의 파문

현재 동일본대지진으로 심대甚大한 피해를 입은 지역사회에서는, 그 지역사회를 어떻게 재생시켜 갈 것인가에 대한 고민과 걱정으로 고통이 계속되고 있다. 이 고투苦鬪는 단순하게 재해로부터 복귀한다는 것만이 아니라 해당 지역사회의 가치나 존재 의의, 그리고 생활을 유지해 주는 고용 확보와 지역을 둘러싼 경제적 순환, 또한 이러한 상황 속에서의 생활 존속 가능성 탐구 등과 깊은 관련을 갖고 있다.

동일본대지진으로 재해를 당한 지역 대부분은 고령화사회가 진전되는 와중에 있던 지역으로, 과소화 경향에 놓인 지역이다. 그러한 점에서는 고령화사회 속에서의 지역 운영 관리, 지역사회를 지탱하는 지역산업 진흥이나 사회적 기업의 모습, 지역을 지탱하는 인재 육성과 확보 등의 문제, 이러한 지역을 지탱하는 정치, 경제, 사회의 양상에 대한 다각적인 검토 등이 중요한 과제로 제기되고 있다. 특히 지역사회를 지탱하는 지역산업 진흥이나 커뮤니티 서비스를 담당하는 사회적 기업 등의 양상의 대해서는 생활주기에 의한 취업형태나 노동 양상의 변화를 염두에 두고 그 지역에서 생활하는 사람들이 평생 동안에 어떠한 생활을 꾸릴 수 있는가를 시야에 넣고 고용이나 산업적 가치, 이들뿐만 아니라 건강, 복지 등도 다면적으로 연결시키는 가정경제 실태에 맞춰 그것을 지원할 수 있는 장치를 생각할 필요가 있다.

특히 쓰나미 피해를 입은 지역의 경우에는 그 지역에 어떠한 형태로 인프라를 정비할 것인가, 어떠한 지역사회 구축을 염두에 두고, 그것을 위해 어떠한 지역적 지원이 필요한가 등, 피해 지역의 지역 내부에서도 피해 지역 간에도, 또한 국가 수준에 이르기까지, 피해 지역을 넘어선 수준에서까지도 이해와 합의가 필요하다고 본다.

쓰나미 피해 지역의 경우 '생활의 조기 복귀와 재건을 어떻게 실현시킬까'라는 문제와 '지역 생활의 안전감, 안심감을 어떻게 확보할까'라는 문제가 논점의 중핵에 자리 잡고 있는데, 이때에도 중장기적인 시야를 바탕으로 한 전망을 피해 지역 내부는 물론 피해 지역 외부 지역과의 여러 가지 관계에서도 공유해 가는 노력은 꼭 필요하다.

게다가 원자력발전소 피해와 원전과 관련된 사고로 인해 발생한 방사선 피폭 영향에 대해서는 지역주민 입장에서 볼 경우 방사능

피폭 위험 인지(안전경계 범위)나 오염 제거 가능성과 방법 등의 판단 적절성에 관한 의문에서 시작하여 회복이 불가능한 기간에 대한 대응 방책, 회복이 가능한 조건에 대한 판단의 불규칙성, 또한 이것들과 깊게 관련되어 있는 배상 책임과 배상 기준을 둘러싼 갖가지 감정 등 일련의 사항들이, 앞에서 언급한 쓰나미 피해 지역에서 나타난 지역 재생이나 생활 재건에 관련된 사항과 함께 주민 생활이나 주민 의식에 무거운 짐이 되고 있다는 점이다.

이럴 경우 원전 피해 영향을 크게 받고 현재 대피 생활을 계속하고 있는 주민들끼리는 여러 층위에서 의식 차이나 균열이 있다. 뿐만 아니라 정책 판단으로 제시된 시책들이 주민들 사이의 입장 차이를 낳고 있거나 강화시키는 감정적 균열을 증식시키고 있다. 이러한 상황 속에서, 그렇다면 지역사회가 재생하려면 어떠한 과정에 의해 일정한 합의에 이를 수 있을 것인가, 이때 고려해야 할 점은 무엇인가라는 문제에 대해 생각해 보기로 한다.

2. '상정 밖'의 재해

앞에서 언급한 지역사회의 복구나 부흥에 대해 논할 때 동일본대지진에 의한 피해를 둘러싼 몇 가지 전제에 대해 살펴보자.

그 하나는 동일본대지진을 말할 때 자주 언급된 '상정 밖'이라는 담론에 관한 사회적 이해 부분이다. 이는 나아가 '상정 밖'의 사건이 발생하고 있다고 느낄 때의 대응이나 행동지침의 성숙도와 그 상황하에서의 사회적인 내성耐性 문제와 연결될지도 모른다. 이 문제는 전문 분야마다 단독적으로 다루어져서 방재에 대한 대응과 자세stance도 다르기 때문에 각 전문 분야에서 생각하면, 아마 여러 가지 측면에서 수준이 서로 다른 논점으로 혼재한 형태를 띨 것이라고 생각된다. 여기서는 그것을 전문 분야마다 논하는 것은 어렵기 때문에 개략적인 논점을 제시하는 것으로 진행하고 싶다.

방조제 등의 환경 정비를 단행할 경우, 상정하는 '외력外力'을 가정하고 그에 바탕을 두고 설계하는 것이 통상적이었는가, 그것이 설계상에서의 가정된 외력인 한 그것을 초월하는 외력을 받는 사태를 '상정'하는 것은 당연한 생각이고 그 가능성에 대해서도 사회적으로 '상정하는' 것이 요청된다. 그러한 시대에 들어선 것은 거의 틀림이 없다. 그러나 그 사회에서 일단 정할 수 있는 수준이라고 결정해온 '상정'을 초월하는 일을 상정하고 그것을 방조제 등의 시설 정비를 통해 지키는 것을 진정으로 요청하는 시대가 된 것일까. 거기까지(다른 생활가치를 희생으로 하기까지) 심각한 안전 감각 입장에서 사회생활을 영위할 것을 시민에게 요구하는 시대가 된 걸까라는 점에 대해서는 매우 의심스럽다.

오히려 동일본대지진 이후에 생긴 안전성을 둘러싼 논의는 '전문적 지식'에 의해 결정된 종래의 '상정'이 가진 사회적 의미를 의심하는 시대로 들어섰다고 하는 편이 적절한 것이 아닐까 하고 생각한다. 특히 원자력발전소의 피재被災 관련 사고에 관해서는 전문적 지식 내부에서 형성되었다고 보는 '상정'과, 그것에 대응하는 안전 기준이, 실제 이와 관련된 측은 물론이지만 그것을 항상 감시하고 규제하는 조직 측의 체제도 포함하여 시민사회가 이를 의심하는 눈으로 보는 것이라고 생각한다.

이렇게 생각한다면 지금은 '전문 지식'이 일반 사회에 공개됨과 동시에 그 적절성 여부와 의의에 대해서도 사회적으로도 음미가 되고, 그러한 일련의 과정을 거쳐 그 사회에 맞는 안정적인 이해와 판단으로 연결시키는 노력이 축적되지 않으면 대응할 수 없는 시대에 들어선 것이라고 생각할 수 있을 것이다.

쓰나미 피해에 관해서 보면, 상정하는 외력에 대해 방어할 수 있는 방조제의 '설계'뿐만 아니라, 오히려 상정을 초월한 외력을 받았을 때 (그 발생 가능성과 확률도 포함해서) 어떠한 형태로, 어떠한 과정으로 (방조제 등의) 시설이 파괴되어 인적 피해의 발생이나 사회적인 영향으로 연결되어 가는지 그 메커니즘mechanism을 파악하여 구조물과 사회환경의 양상 등을 재검토해야 한다. 그리고 그것을 사회적으로 인지하고 공유하여 피해 경감책輕減策을 종합적으로 파악해 가는 사회환경 설계를 모색하는 시대에 들어섰다.

리스크 프리risk free 상태(리스크를 의식하지 않아도 일상생활이 영위되는 상태)를 만들려고 한 나머지, 결과적으로 사람들이 일상적으로 재해 위험을 완전히 망각해 버리는 것 같은 상황이 되어서는 안 될 것이다. 상정 이하의 사태가 계속되어도 일정한 위협으로 이를 감지하고 하나의 경종으로 사회 전체가 받아들이는 것으로 '상정 밖'의 사태도 시야에 넣어 대응할 수 있는 재해 문화를 키워 가는 사회환경 설계 등이 요청되는 시대에 들어선 것이다. 예를 들면 상정하는 '외력'을 초월한 사태가 발생해도 그것이 직접적으로 많은 인적 피해로 연결되지 않는 구조를 이룬 사회환경 설계는 앞으로 탐구해 가야만 하는 큰 과제이다.

동일본대지진의 피해를 둘러싸고 특히 쓰나미 피해를 클로즈업해서 보도했는데, 지진 피해는 복합 피해였고, 지진으로 담벽이 무너지는 등 지반 피해와 건축물 등의 구조 피해, 화제로 인한 피해 등 본래 다면적인 성격을 지닌다. 그점에서는 동일본대지진 직후 시민 감정과 여론 동향은 동일본대지진에서 현재화한 특정 리스크에 특별한 관심이 집중되어 있는 상태이다. 또한 현대사회는 현재의 과학 수준과 동향 때문에 아직 파악되지 않고 있고 충분한 사회적 인지를 실시하지 못해 방치되어 있는 여러 가지 리스크들로 둘러싸여 있을 가능성도 있다. 그 하나하나의 리스크에 대해 재화災禍의 상정 기준을 극한까지 높여 그에 걸맞은 시설 정비를 확충해 가는 것은 거의 불가능에 가깝다. 어떤 특정 기술에 의한 특정 리스크에 대한 대비를 높일 수 있다고 하더라도 현재의 인간환경 속에는 점점 커 가기만 하는 리스크가 숨어 있을 가능성이 있다. 시설 정비 확충뿐만 아니라 '상정 밖' 사태에도 최대한의 인적 피해와는 연결되지 않는 형태로 돌파할 수 있는 종합적인 사회환경 설계—재해 문화 계승과 창조를 포함하여—를 만들어 내고 축적해 가는 노력이 필요하다. 그 리스크에 대해 종합적인 견지에서 어떻게 사회적으로 판단하고 대응해 가는지는 전문지식에 맡길 것이 아니라 사회적인 판단 과정에 의한 것이어야 할 것이다.

현실에서는 지진 재해만으로도 복합 재해이기 때문에 늘 여러 가지의 리스크에 대한 관심이 필요하다. '리스크 프리 상태'는 참으로 바람직한 상태이지만 적어도 지진과 여러 가지 재해 위험이 집적되어 있는 일본 열도에서는 기대할 수 없다. '제로' 또는 '100'이라는 양극二極적인 발상이 아니라 리스크를 어떻게 읽어 내어 선택하고 결단하고 있는지를 지역사회의 특징으로 연결하여 지역 생활을 구성해 갈 필요가 있다.

또한 원전 재해는 아직 진행 중인 사건이다. 원전과 에너지 문제에 대한 재검토는 필수사항이고, 그것이 생활양식에 대한 재검토에까지 영향을 미치는 것이다. 개개인의 생활 모습, 대도시와 지방의 관계까지 시야에 넣은 내적 성찰과 숙고가 필요한 것으로 내용 합의의 질과 범위도 대단히 다루기가 어려운 것이다. 원전 재해 영향을 받은 지역은 지역주민끼리라도 각각의 다른 생활 상황에 의해 여러 가지 갈등이 진행 중에 있으며, 이러한 상황에서 합의 형성과 이해 과정은 극도로 혼미하고 때로는 감정적인 배제와 폭력적인 대립을 내포하게 된다.

시민의 원자력 재해에 대한 불안은, 지금까지의 원자력 리스크에 관한 리스크 문화로 뿌리를 내리지 못했고, 0%(리스크가 없다고 믿는 생각) 또는 100%(절대적으로 제어 불가능한 위험이라는 이해)라는 양극의 발상밖에 키우지 않았던 것에 기인하고 있다. 이는 원자력 개발과 관련된 분야에 대한 정보 공개 부족과 폐쇄성 이외에도 원폭 피해와 관련된 연구, 그것에 대한 사회와 문화적 연구가 국민의 경험으로 성숙하고 공유되지 않았던 것과 관련되어 있는 것처럼 생각된다. 현재의 불안을 둘러싼 여러 가지 시민 경험은 망각하는 것이 아니라 오히려 에너지 자원을 둘러싼 리스크 이해를 위한 긴

학습기간이라고 생각하고 싶다.

3. 리스크의 가시화와 해독, 그리고 리스크 분배의 공평성
—사회적인 판단 과정

다음으로 '전문 지식'이 사회적으로 음미되고 해당 사회에서 안정적인 이해와 판단이 이루어지기 위해서는 '발생할 수 있는 리스크 가시화'를 분명히 하고 '가시화된 것을 해독하는 방법'을 사회적으로 키워서 공유 문화로 육성하는 과정은 필요 불가결하다. 쓰나미와 지진으로 인한 피해의 시뮬레이션, 그 근거와 조건, 발생 빈도와 확률에 관한 담론은 전문지식 측면에서의 '리스크 가시화'에 대한 시도이다. 그러나 그 담론들을 받아들이고 그것을 어떻게 해독할지 그리고 그러한 리스크에 대해 어떻게 대비하고 대응해 갈지는 사회적인 판단 과정인 것이다.

예를 들면 쓰나미가 발생했을 때에 상정되는 쓰나미 높이와 위력, 해당 지역에서 그러한 쓰나미가 발생하는 빈도에 대한 예측, 그리고 방조제와 방재를 고려한 시설과 환경이 설치되기 이전과 이후 쓰나미가 발생했을 때의 지역 상황(재해 상황)이 어떻게 다른지에 관한 시뮬레이션 등은 전문지식 측의 '리스크 가시화' 작업에 해당될 것이다. 전문지식 내부에서의 학문적인 성숙도가 높으면 비교적 정확도가 높은 안정적인 추정이 가능해지고 '리스크 가시화'에 의한 구체적인 피해 이미지와 리스크의 내용, 그에 대한 대책과 감재

減災 계획을 세우기 쉽다. 한편 그 성숙도가 낮으면 전문가들 내부에서도 그 추정은 상당히 애매한 것이 되고 '리스크 가시화' (각각의 단계) 자체도 중요한 쟁점이 된다. 경우에 따라서는 상정되는 쓰나미 높이나 빈도도, 시설 계획의 유효성도 극히 명료하지 않은 채 공포의 시나리오만 소문으로 퍼진다거나 반대로 과거 단기간의 경험으로는 전례를 찾아낼 수 없다는 것이 확대 해석되어 안전 신화가 절대화되어 전해지는 사태가 발생한다.

원자력발전소에 관해서 본다면 방사선 피폭 수치 측정과 그 수치 유포는 하나의 '리스크 가시화'에 대한 시도인데 그것이 어떠한 영향으로 연결되는지까지 시야에 넣으면 아직 '리스크 가시화' 자체가 대단히 불투명하고 그 자체가 중요한 쟁점이 된다.

사회심리학적 견해에 의하면 정보의 의미가 불투명한 경우에는 전달이나 유포 과정에 따라 여러 가지 사회문제가 발생할 가능성이 있다고 한다. 내용이 애매하여 행동지침으로서 적용하기 어려운 정보의 경우 커뮤니케이션 과정에서 화자話者가 '적절할 것이다'라고 자기 마음대로 판단하는 정보를 적당히 부가하여 유통시키는 경향이 강해지고 그것이 유언비어로 번져 간다. 그러한 유언비어가 어지럽게 퍼지는 가운데 지역사회와 주민은 어떻게 대응해 가는지 또는 어떻게 대응해 가면 좋은지 등등은 정보사회에서 중요한 사회적 문제 항목이 된다.

농작물 등의 안전성에 대한 걱정 문제를 예로 들면 생산지에서의 안전 규제, 생산물 출하 단계와 소비지에서의 구입 단계 등 여러 단계에 걸쳐 방사성 물질 측정에 의한 리스크의 가시화(수치 확인),

수치의 의미에 관한 이해도 촉진과 더불어 최종적으로는 리스크 자기 판단에 관한 인식 등도 이러한 상황하에서는 필요하게 된다.

또한 가령 '리스크 가시화'가 진행되었다고 하더라도 그 담론들을 받아들이고 그것을 어떻게 해독하는가에 따라서 그 사회적인 의미는 크게 다르다. 이번 동일본대지진에서는 과거의 쓰나미 경험을 기준으로 한 '리스크 가시화'를, 말하자면 안전을 담보로 하기에 충분한 기준인 것처럼 사람들이 판단하고 그것을 염두에 둔 피난 대응을 실시했기 때문에 큰 인적 피해로 이어지는 결과를 낳았다. 리스크 가시화에 관한 담론을 받아들이고 그것을 어떻게 해독할지 그리고 그러한 리스크에 어떻게 대비하고 대응해야 하는가에 대해 사회적인 인지도를 만들어 내는 것은 결정적으로 중요한 사회적 판단 과정이다.

시민사회에서 '리스크 인지'를 위해 일정한 폭 내에서의 해석이 형성되고 공유되기 위해서는 사회교육 축적이 필수이다. 만약 일정한 범위 내에서의 '해석' 공유가 없거나 그것이 지역 차와 계층 차에 따라 상당히 크게 엇갈린다면 그것은 더 많은 갈래의 뒤틀림과 격차를 사회 안에서 만들어 내는 온상이 될 것이다. '마이너스를 입는 측면'과 '플러스를 얻는 측면' 관계에서 말한다면, 수자원 문제와 공해 문제처럼 환경의 영향을 크게 받는 쪽에서는 그 '리스크 인지認知' 수준이 매우 높고 반대로 수익을 얻는 입장에서는 '리스크 인지' 수준이 낮고 나아가 수익성 감각조차 약해지는 일이 발생한다. 이와 같은 경우 마이너스 피해를 입는 입장에서는 일방적인 강요로 비춰지고 혜택을 입고 있는 사람들에게 사회적으로 차별받고 있다는 감각은 지극히 예민해질 것이다. 여전히 혜택을 받는 입장과 혜택을 받지 못하는 사람의 입장 차이는 '리스크 수용' 및 그에 동반된 이익 공급이 장기간에 영향을 줄 경우에는 전혀 다른 양상을 드러내는 경향이 있다. 그리고 그것이 큰 격차감과 상호 이해의 뒤틀림을 형성함과 동시에 이 뒤틀림은 변형 구조를 더욱 증식시키는 온상이 된다. 원자력 재해를 둘러싼 문제는 이러한 상황에 내포된 사회적 과제를 드러낸 것이라고 말해도 좋을 것이다.

그리고 이 다음으로 생각해야 하는 것이 있다. 가령 '리스크 인지'라는 점에서 일정한 폭 내에서의 해석과 그 리스크에 대한 대응 방식틀에 대한 이해가 사회적으로 형성되고 공유된 경우라도 그 리스크를 어떻게 지역적이나 계층적으로 배분할 것인가에 대한 문제가 계속해서 나오게 된다. 쓰나미 등의 자연재해와 관련된 리스크라는 점에 한정해 본다면, 이 문제는 리스크가 높은 지역에 대한 거주 문제와 산업입지에 대해 어떠한 사회적 대응(거주 규제와 산업입지 규제, 손해보험 금액 비율에 의한 입지 회피 유도 등을 포함)을 취할지 또는 그 지역의 안전 확보 방법을 어느 정도까지 담보할 수 있는가라는 문제로 나타난다. 긴 역사를 가진 기존 촌락이 아니라 새로운 매립지 조성이나 그 지역의 산업유치, 주택지 개발 등으로 생긴 지역의 경우에는 조성 책임과 유치 주체의 대응 문제 또는 그 적절성 등도 아울러 문제삼게 된다.

즉 원자력발전소나 산업폐기물 시설 등 흔히 말하는 위험을 내포한 시설의 경우에는 그러한 시설 입지를 받아들이는 상황에서 환경 정의와 관련된 문제이기도 하면서 지역(등의 섹터) 간의 리스크 분배 문제이기도 한 것이다. 다시 말해서 그것과 표리 관계에 있는 보상의 합리적인 구조는 어떻게 존재해야만 하는가에 관련된 문제이기도 하다. 과소過疎 지역이 '리스크를 수용하는' 것은 그에 대한 몇 가지 보상이 있기 때문인데, 원자력발전소 설립 때에는 가능한 한 대상 지역을 '좁게 상정하는 것'으로 보상을 최대치로 설정했기 때문에 받아들이기 쉬운 조건을 만들었다. 그러나 리스크 감각이 예민해지고 실제 위험이 그 대상 지역 범위를 넘어 확대되어 가는 것을 눈치 챈 현재 상황에서는 대상 지역이 확대되는 경향은 불가피하다. 또한 리스크의 수용과 대상의 수용 균형 자체의 해독법이 이번 사고를 통해 크게 변모할 가능성이 매우 높아졌다.

이상은 리스크를 둘러싼 지역을 넘어선 문제군이며, 그 문제군은, 당연하지만 개별 해당 지역만이 책임을 지는 것이 아니라 좀더 넓은 사회에서 공통 이해나 합의 형성이 필요한 사항인 것이다. 그러나 재해와 사고 리스크에 대한 대처는 좀더 넓은 사회에서의 공통 이해와 합의 형성이 필요한데 그것만으로도 해결되지 않는 문제를 내포하고 있다.

4. 지역자치와 지역에서의 판단 축 — 지역의 존속을 건 질문

다음으로 묻지 않으면 안 되는 것은 지역 내의 국면이라는 문제인데, 각 지역주민이 어떠한 사회환경 조건 아래에서 어떻게 리스크를 판단하고 대응해 가는가라는 것이다. 그것은 좀더 넓은 사회에서의 공통 이해나 합의 형성과는 다른 차원의 문제이고 개별 지역에서의 리스크 대처 및 리스크를 받아들이는 측의 판단(예를 들면 리스크의 수용과 상정되는 보상을 비교하여 내리는 판단)과 지역 내의 합의 형성과 장래 전망 공유 등과 관련된 문제이다. 현재 이러한 판단을 하는 실시하는 것은 시정촌市町村이라는 기초자치단체 단위인데 때로는 좀더 작은 마을 단위와, 반대로 좀더 큰 지역적 범위가 리스크 수용이라는 점에서 큰 의미를 지니고 있는 측면도 있다. 광역 시정촌 합병이 진행된 결과 이러한 자치단체 규모와 관련된 문제는 한층 더 복잡한 지역 문제를 일으키고 있는데, 이번에는 시정촌이라는 기초단체 지자체의 단위를 상정하여 생각해 보기로 한다.

쓰나미 피해 지역의 경우 지금까지 서술했듯이 '생활의 조기 복구와 재건을 어떻게 실시할까'와 '지역 생활의 안전·안심을 어떻게 담보할까'가 큰 과제가 된다. 지역에 어떠한 형태의 인프라를 정비해야만 하는가는 예산 분배의 정당성이나 적절성이라는 점에서 국가와 피해 지역의 이해와 합의가 필요한 사항이기도 하며 동시에 지역생활의 구조 재구축과 지역의 존재 의의나 정체성과도 깊이 관련된 사항이기도 한 것이다.

동일본대지진으로 인해 피해를 입은 지역 대부분은 고령화와 과소화 경향에 있던 지역이다. 그점에서는 과소화와 고령화사회 속에서의 지역 운영관리, 지역사회를 지탱하는 지역산업 진흥과 사회서비스, 그러한 지역을 지탱하는 정치·경제·사회구조 등과 완전히 분리해서 방조제 등의 방재 시설 정비를 생각하는 것은 본래 어려운 일이기도 하다.

이미 동일본대지진의 피해지에서 볼 수 있듯이 방조제 설비는 통상의 풍수해 대책과 빈도가 높은 소규모의 쓰나미에 대한 방어라는 점에서는 기능하지만 '상정 밖' 내지 '상정 밖'에 가까운 쓰나미에 대한 방어를 대상으로 생각할 때에는 그 설비가 제공되는 지역의 안전 이미지가 역기능으로 작동하기도 했다. 오히려 방조제 방재 시설은 도시의 토지 이용 구역제zoning[2] 규제와 피난 유도를 가능하게 하는 하드 소프트의 구조(쓰나미 정보-피난으로의 유도/피난 시설의 배치를 포함)와의 조합 속에서 정리되어야 하며, 그 대책을 저해하고 더디게 하는 것이 없는 형태로 종합적인 시책을 통해 목숨을 지키는 방어 시스템을 개발해야 할 것이다. 그러한 점에서는 방조제와 경보 전달 시스템은 목숨을 지킬 수 있는 시간을 벌어 주기 위한 일시적 수단이라고 생각하는 것이 적절할지도 모른다.

특히 도시와 촌락 등 지역사회의 복구와 부흥을 고려할 때에는 근세·근대의 도시 시가지 확대 과정에도 주의를 기울이면서 금후의 인구 유출을 포함해 인구 유동을 염두에 두고 시가지의 축소를 진행해 갈 때의 우선순위와 규제 수단·대비 등을 충분히 검토할 필요가 있다. 이들 지방에서는 축소 사회의 시나리오를 그린 후 그중에서 행복한 사회 실현을 가능케 할 구조를 적극적으로 모색하는 단계로 들어서고 있다고 말할 수 있다.

만들고자 하는 지역 이미지를 두고 지역의 재건을 어떻게 진행

---

2 구역제zoning란 용도 구역이라고도 하며 토지의 이용 및 건축물의 용도·건폐율·용적률·높이 등에 대한 용도 지역 및 용도 지구의 제한을 강화하거나 완화하여 시가지의 무질서한 확산 방지, 계획적이고 단계적인 토지 이용의 도모, 토지 이용의 종합적 조정·관리 등을 위하여 도시 관리 계획으로 결정하는 지역을 말한다.

해 갈지에 대해서는 매우 심한 지역 내 대립이 생길 가능성이 높고 또한 개개의 주민들 선택이 엇갈리는 경우도 많이 있다. 그러나 재해를 입은 각각의 지역 내에서 일정한 틀에서 합의를 보아야 하는 것은 필수적이다. 그 합의에 입각하여 지역 지원에 필요한 것이 '무엇이다'라는 것과 한편으로는 지역을 초월한 수준에서의 이해도 필요하게 된다. 방조제의 높이와 고지대로의 이전 여부 등 지역 전체를 끌어들이는 논의는 이러한 일례이다.

지역 생활의 안전·안심을 어떻게 담보할지로 논의를 한정해도 동일본의 해안가 지역에서는 쓰나미 피해 위험과 건물 붕괴 위험 양쪽을 고려하지 않으면 안 되는 지역도 많다. 이번 경우는 쓰나미 피해가 크게 부각되었는데 호우 피해 때에는 지반이 느슨해져서 이로 인한 건물 붕괴도 대단히 큰 위험요인이 된다. 따라서 경사도傾斜度와 지반, 재해 원인마다의 위험도를 상대적으로 판단하여 지역 생활의 재생을 고려하지 않으면 안 되는 어려움이 확연하게 드러났다고 말할 수 있다.

또한 지역 생활 지속 가능성을 염두에 두면 과소화와 고령화사회 속에서의 지역 운영관리, 지역사회를 지탱하는 지역산업 진흥과 사회서비스의 모습, 지역을 지탱하는 인재 육성과 확보 등 중요한 과제가 산적해 있다. 과소화와 고령화사회에서는 특히 생활주기에 의한 취업 형태나 직업의 종류 변화를 염두에 두고 그 지역에서 생활하는 사람들이 평생에 걸쳐 어떠한 생활을 보내고 있는지를 시야에 넣지 않으면 안 된다. 고용과 산업적 측면뿐만 아니라 건강과 의료 복지적 측면 등 다면적으로 서로 얽혀 있는 가계 경제의 실태에 맞게 그것을 지원할 수 있는 구조를 고려할 필요가 있다.

그때 해당 지역의 주민 당사자들과 지역사회의 가치와 존재의식 또한 지역에서 계속적인 생활을 유지하도록 하는 전망을 만들어 이를 공유해 가는 노력은 가장 중요하다. 그것을 간과하여 지역 개조 시 누락하면 결과적으로 지역 생활 존속 가능성을 탐색하는 노력이나 의욕은 떨어지고 지역 생활을 지지하는 고용 확보와 지역을 둘러싼 경제적인 순환도 약해져 갈 것이다.

그 지역에서의 안전성 확보와 생활 재건 문제, 생활 구조와 생업 확보 등과 관련된 문제 그리고 지역의 존재의식과 정체성의 문제는 지역사회 재생에 당면하여 서로 얽혀 있는 필수요소들이다. 이러한 지역 과제를 직시하는 시점이 점점 재해 연구에서도 중요해져 간다. 다음 절부터는 근년 재해 연구에서 중시되어 온 동향에 대해 소개하고, 지역이 재해에 대비한다는 것이 어떠한 것인지에 대해 깊이 생각해 보기로 한다.

5. 재해 연구의 위상 — 취약성 및 '복원=회복력' 개념을 중심으로

1990년대 이후 일본의 재해를 둘러싼 상황은 재해 특징과 그 영향에 대해 고민했기 때문에 지역사회가 안고 있는 취약성과 함께 지역사회구조에 잠재되어 있는 여러 가지 격차나 주민 층이 가진 취약성에 눈을 돌리게 되었다. 그것은 또한 그 취약성을 여건으로 받아들였기 때문에 거기서 어떠한 과정에서 무엇을 기반으로 하면서 어떻게 생활을 회복시켜 갈지, 그 회로를 찾아내려는 자세로 이어졌다(우라노浦野 외, 2007).

또한 해외에서도 대규모 재해가 연이어서 발생하였고, 그러한 것들이 사람들의 큰 주목을 끌게 되었다. 2004년 12월에 수마트라섬 앞바다에의 거대지진으로 발생한 인도양 쓰나미로 22만 명이 넘는 사망자가 생겼고, 그 피해는 인도네시아, 타이, 스리랑카, 인도를 비롯하여 주변 지역까지 광범위하게 퍼졌다. 그리고 미국에서도 허리케인 카트리나Hurricane Katrina가 2005년 8월에 발생했고, 그 후 2008년 5월 중국의 사천四川 지진, 그리고 2010년 1월 세계 최빈국 중 하나로 일컬어지는 아이티에서도 사망자가 수십 만 명이라는 직하형지진이 발생했다.

이들 재해 배경을 들여다보면 이 속에는 빈국 대책 문제와 지역개발 문제가 존재했다. 그러한 점도 있어 더욱더 깊은 관심을 기울일 필요가 있다는 인식이 있었는데 그것은 국연방재세계회의国連防災世界会議/World Conference on Disaster Reduction가 2005년 1월 고베神戸회의에서 채택한 〈효고兵庫행동규정 2005-2015〉에서 표명한 문제의식과 같은 공통점을 읽어 낼 수 있다.

〈효고행동규정 2005-2015〉 서문에 '재해에 의한 손실은 늘어나고 개발 이익을 빼앗고 지구 규모의 문제'라고 적고, '무계획적인 도시화, 환경 악화, 기후 변동 등에 의한 취약성이 늘고 재해가 세계 사람들과 개발도상국의 지속가능한 개발을 점점 위협할지도 모르는' 상황에서 '지속가능한 개발과 빈곤 삭감의 대처로서 방재를 체계적으로 다룰 필요성에 대하여 지금이야말로 국제적으로 인식을 같이하고 있다'고 말하고 있다.

게다가 '재해에 강한 나라 · 공동체 만들기'를 테마로 다음 다섯 개의 분야, 즉 ①방재를 위한 통치력(조직적, 법적, 정책적인 구조), ② 재해리스크의 특정, 평가, 관측, 조기경보, ③재해 지식의 보급, 방재 교육, ④재해 리스크의 요인 삭감, ⑤효과적인 응급 · 복구에 대한 대비에 대하여 행동 계획을 책정하고 있다.

개발도상국에서는 1970년대 초두부터 1980년대 중엽에 걸쳐 라틴아메리카에서 일어난 거대 재해 때와 아시아 · 아프리카 여러 나라에서 빈발한 재해의 복구 · 부흥 단계에서 단기적인 지원이 많았음에도 불구하고 복구가 제대로 진행되지 않고 생활이 마비되고 빈곤에 허덕이는 악순환에 빠진 세계 정세가 있었다고 말할 수 있을 것이다. 취약성의 증대가 재해를 낳고 재해가 성장 노력을 약화시켜 지속가능한 발전을 어렵게 만드는 이러한 부負의 악순환을 어떻게 끊을지에 초점이 맞춰졌던 것이다. 이러한 문제 관심의 초점 변화는 개발도상국에서의 재해뿐만 아니라 미국과 유럽에서 발생한 재해에 대해서도 시점을 변화 · 확대시켜 갔다고 말할 수 있을 것이다.

재해 현상으로서 최근 새삼스럽게 부각된 것은 ①지역의 취약성, 특히 사회적 취약성이 노출되는 형태로 재해 현상이 발전해 가는 것이 좀더 명확해진 일, ②다양한 환경 조건에 차이로 피해 경험의 다양성과 그 격차가 생긴다는 것이 명확하게 된 일, ③재해를 당한 체험이 장기간에 걸쳐 누적됨으로써 문제가 발생하는 일, ④빈번히 발생하는 재해와 어떻게 공생해 갈지가 지역에서 큰 과제과 된

일 등이다.

이처럼 재해를 그 재해 원인(예를 들면 지진 현상, 홍수)과의 관계만으로 파악하는 것이 아니라 재해가 상기와 같은 재해 원인을 계기로 하면서도 거기에 사회구조적 요소가 복잡하게 서로 얽힘으로써 피해가 광범위하게 확대되고 괴멸적인 피해로 이어지는 메커니즘에 지금 새삼스럽게 관심이 집중되고 있다.

앤서니 올리버 스미스Anthony Oliver Smith는 그 일을 "재해는 두 개의 요인—즉 인간 집단과 파괴를 일으킬 가능성이 있는 재해 원인 두 요인이 연결되면서 일어난다"고 하며 "이 두 요인은 역사적으로 만들어진 '취약성vulnerability' 패턴—그것은 장소·사회 기반·사회정치 구조·생산 분배 체제·이데올로기 속에서 분명해진다—을 지닌 사회적 문맥 속에 묻혀 있다"고 논한다(Oliver Smith, 1998). 여기서의 시점은, 피해 확대 메커니즘에서 사회·경제·문화 구조 속에 잠재된 '취약성' 해명에 집중한 것이다.

또한 '취약성'에 대해 체계적으로 정리한 벤 위스너Ben Wisner에 의하면 "취약성 진행은 ①근원적인 원인이 존재하고, ②다이내믹한 압력으로 영향을 미치고 그것이 또한 ③위험한 환경 조건을 낳고 구체적인 생활 속에서 현재화되어 간다. 이것이 계기가 되는 사건(지진, 폭풍, 홍수, 화산 분화, 산사태, 기근, 화학 재해 등)과 연결되면서 재해가 발생한다"(Wisner, 2004)고 설명하고 있다.

그리고 이 사회 속에서 진행해 가는 취약성 축적과 추이에 초점을 맞춰 재해 사상事象을 시공간을 뛰어넘은 연쇄와 확대에 착안하여 파악하려고 한 것이 감재減災 사이클인데, 이 재해 이미지를 나타낸 것이 〈그림 1〉이다.

이 '감재 사이클에 기반을 둔 재해 이미지'를 나타내는 〈그림 1〉은 재해 발생 시의 대처와 평상시의 대처를 분리한 다른 차원으로서가 아니라 서로 복잡하게 연결되어 있고, 나아가 시간적인 흐름 속에서 연쇄하는 구조로 파악하려는 점에 큰 특징이 있다.

평상시에 피해 경감의 대처(피해를 가벼운 정도에 그치게 하고 확대를 방지하는 활동) 결과, 재해를 맞이할 준비가 어떻게 진행되고 대책을 어떻게 마련할 것인가에 따라 재해 발생 시에 응급 대응(인명 구조와 응급의료 조치, 소화, 수방水防 등) 활동이 어떻게 행해지는지가 좌우된다. 이 재해 시의 여러 차원에서 행해지는 대응 활동 모습은 그것이 장기적으로 누적되어 가는 형태로 복구·부흥 단계의

그림 1. 감재 사이클에 기초한 재해 이미지

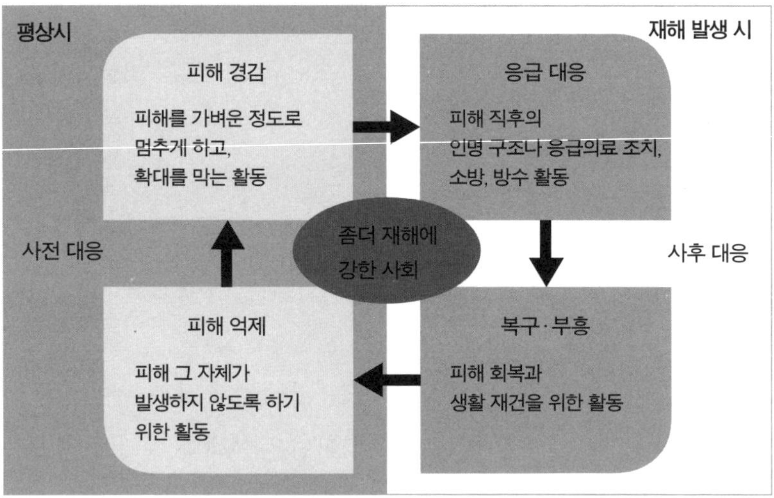

출처: 사람과 방재 미래센터 편(2006)

양상에 영향을 미친다. 복구·부흥 단계에서는 재해에 휩쓸린 그 사회가 여러 층의 사회단위에서 시행착오를 반복하면서 피해로부터의 회복과 생활의 재건을 위한 활동을 진행해 간다. 그리고 복구·부흥 단계에서의 구조적 장치는 피해에서 어느 정도의 시간이 지나면 지역사회 외부로부터의 여러 가지 지원도 종식되고 지역사회 내부의 부흥 활동도 거의 교착 상태를 맞이한다.

재해 과정에 초점을 둔 종래의 분석틀에서는 재해 이전의 상황에서 일련의 재해 과정을 거쳐 복구·부흥 과정 활동이 교착상태에 들어서는 하나의 사이클이 분석 단위였다. 그러나 이 복구·부흥 과정을 거쳐 도달한 사회 상황은, '좀더 재해에 강한 사회'로의 진행이라는 관점에서 파악하면(표현을 달리하면 취약성 극복이라는 관점에서) 다른 재해를 포함한 피해 억제 구조로 접속하게 된다. 피해 억제 장치는 피해 그 자체가 발생하지 않도록 하기 위한 활동이며, 장기간에 걸친 여러 활동이나 대처를 통해 지역의 취약성을 극복하고 개선해 가려는 사회적인 영위 그것이다. 그러나 그러한 가운데 다음 재해가 발생하는 상황에서는 장기간에 걸쳐 지역 개선 시도만으로는 충분하다고 말할 수 없으며 피해를 가벼운 정도에 그치게 하고 확대를 막는 활동으로서의 '피해경감에 대한 대처'가 요청된다. 이렇게 '좀더 재해에 강한 사회'로의 이행은 일회성 재해로서가 아니라 장기적·항상적으로 재해 위험이 도사리고 있는 지역의 취약성 극복의 시도로 파악하는 것도 가능해질 것이다.

6. '복원=회복력' 개념의 범위와 의의 — 재해의 취약성 개념의 심화

이처럼 현재, 재해의 취약성 패러다임의 심층화가 진행되고 재해 취약성 개념을 보강하는 '복원=회복력' 개념이 주목을 모으고 있다. 그래서 이 '복원=회복력' 개념이 제기하는 문제의식을 몇 가지 확인해 두기로 한다.

첫째, 재해의 취약성 배경에는 사회구조상의 문제가 잠재되어 있다는 의식이다. 여기서는 특히 재해의 취약성 중 사회적 부분이 지닌 중요성에 주목할 필요가 있다.

둘째, '복원=회복력' 개념에는 분명히 물리적, 생물학적, 심리적, 사회적, 문화적 시스템 모두가 포함될 수 있는데 '복원=회복력'이 발달하기 위해서는 우리들의 인식 자체도 취약성과 리스크를 경감시키는 영역별 개개인의 전략에서 안심감과 안전성을 높이기 위해 좀 더 포괄적이며 통합적이고 집합된 접근 방식으로의 이동이 필요하다는 것이다.

사회적으로는 다원적이고 다면적인 힘을 활용하여 피해로 인한 결손을 막아 대응해 가는 힘을 높이는 것이 중요하고 개개인이 지닌 자원이나 지식을 활용할 뿐만 아니라 여러 방면의 유대를 통해 다양한 자원과 지식의 새로운 조합과 활용 방법을 짜내고 그 실천 또한 사람들의 성공 체험과 상호간 신뢰 등을 촉진시킴으로써 좀더 고도의 파트너십과, 그에 따른 문제 해결을 가능하게 하는 과정과 종합적인 대책을 마련해 가는 것도 초점을 둘 필요가 있다.

재해로부터의 복구·부흥 국면에서는 사회구조만이 결정적인 요소가 되는 것이 아니라 여러 자원과 지식 그와 더불어 지역주민의 정체성과 자긍심, 살아남으려는 집념 등을 포함한 인적인 것이 그 이상으로 큰 힘이 된다. 그것들은 사람들을 결속시켜 마음을 움직이게 하고, 또한 사회관계 변화를 내포한 조직화·네트워크화나 또는 자원의 동원력 등으로 결실을 맺는다. 여기에 인간사회가 가진 재해 대응력으로부터 '회복=복원력'을 묻는 의의를 지적할 수 있다고 볼 수 있을 것이다.

'회복=복원력'이라는 개념은 지금까지 회복력과 기능을 지속시킬 수 있는 힘, 일어날 수 있는 문제를 예측하여 피하는 힘, 새로운 방법으로 자원을 즉흥적으로 만들어 내어 이어나갈 수 있는 힘, 위험에 대한 집합적이고 공유된 전망을 발달시키는 힘, 위협을 초래하는 상황을 항상적으로 계속 감시하는 힘 등으로 정의되어 왔다. '회복=복원력'은 완전히 예측할 수 없는 위기적 상황에 대한 시스템의 적절한 대응 능력과 더불어 위기적 상황을 예측하고 계획과 복구를 통해 시스템을 개편하여 피해를 경감시키는 능력이고, 따라서 위협에 대한 시스템의 인식적·사회적·문화적 적응으로 정의될 수 있을 것이다.

'회복=복원력'이 문제되는 국면에서는 개개인이 가진 모든 자원과 지식의 활용뿐만 아니라 상호간의 다양한 유대를 통해 자원과 지식의 조합, 그 활용 방법을 짜내어 실천하는 것과 또한 성공 체험과 상호 신뢰 등을 촉진시킴으로써 좀더 높은 수준의 협력과 그에 따른 문제의 해결을 가능하게 하는 과정이 출현할지 어떨지가 중요한 관건이 된다. 이러한 과정은 '복원=회복력' 개념을 매개로 함으로써 좀더 의식적으로 비춰질 것이다.

많은 여러 자원과 지식의 고차원적 접속 그리고 그 이용 방법의 확장적 운용, 사회적 유대, 자회적 자본과 성공 체험, 상호 신뢰의 네트워크, 공동 활동의 기억과 그 유효성에 대한 신뢰 등으로 지탱되는 사회관계성(협력과 협동의 고도화·연쇄) 등이 이 개념을 통해 부각될 것이다. 또한 복구를 지지하는 자원재고stock로서 중요한 것 중에는 다른 목적으로 비축해 놓았던 재화(財)와 지혜(知)의 원용 등도 포함된다. 기능별로 한정된 자원 활용에 머물지 말고 목적 이외의 이용 확장도 포함하여 사회가 가진 모든 자원의 이점을 활용함에 있어 유연하게 판단하고 그것의 진행 전략도 찾아내야 한다. 이를 위해 예전에 축적된 여러 체험과 지혜(예를 들면 마쓰리 등으로 응축된 과거의 기억이 위기 상황에서 하나의 지침이 되어 되살아나고 대응 지침이 되는 등)도 '복원=회복력'에 대한 검토 대상의 범주에 들어 있다고 말할 수 있을 것이다.

금후 지역의 취약성을 어떻게 직시하고 그 지역 과제를 극복하려고 할지, 또한 어떻게 '회복=복원력'의 강화를 지역 당사자들의 시점에서 찾아내고 모색할 것인지는 지역의 협동력이나 당사자들의 참여를 목표로 한 종합 대책에 맞는 지침을 작성하는 것이 필수의 문제가 된다.

과소화와 고령화사회의 경우 이러한 '회복=복원력'을 높이기 위해서는 지역사회의 가치와 존재의식은 무엇인지를 밝혀 내고, 지역에서 계속적인 생활을 지탱할 수 있는 지역의 전망을 창출해 내고 공유해 가는 노력이 중요하다. 그러한 노력은 동시에 감재 사이클

속에서, 비교적 긴 시간에 걸쳐 지역에서 안전성 확보와 생활 재건 양립을 실현하고 생업과 사회적 서비스 확보를 통해 지역 생활 구조를 재생해 가는 것으로 연결될 것이다.

참고문헌

岩崎信彦·浦野正樹 編,《阪神·淡路大震災の社会学》, 1-3, 昭和堂, 1999年.

浦野正樹, 〈被災者の生活再建への道程—高齢者を取り巻く課題,《季刊自治体学研究》第65号(特集/都市災害とガバナンス), 1995年.

浦野正樹, 〈阪神·淡路大震災の災害体験から学ぶ〉,《関東都市学会論集》, 第2号, 1996年.

浦野正樹·大矢根淳·吉川忠寛 編,《復興コミュニティ論入門》, 弘文堂, 2007年.

大矢根淳·浦野正樹·田中淳·吉井博明 編,《災害社会学入門》, 弘文堂, 2007年.

浦野正樹, 〈被災をめぐる新たな想像力-社会の'復元=回復力'をめぐって〉,《関東都市学会年報》, 第11号, 2009年.

浦野正樹, 〈ハリケーイン·カトリーナとアメリカ災害社会学〉,《社会学年誌》, 第51号, 2010年.

国際協力事業団,《防災と開発-社会の防災力の向上を目指して》, 2003年.

人と防災未来センター 編,《ボランティアコディネーターコースの三年間—平成15-17年度の報告》, DRI研究調査レポート, 第12巻, 2006年.

国連防災世界会議, 〈兵庫行動枠組2005-2015〉, World conference on disasret reduction:WCDR(神戸市2005年1月開催), http://www.mofa.go.jp/mofaj/gaiko/kankyo/kikan/wcdr.html.

吉井博明·田中淳 編,《災害危機管理入門—防災危機管理担当者のための基礎講座》, 弘文堂, 2008年.

早稲田大学, 〈災害の社会的影響データベース〉, http://db2.littera.waseda.ac.jp/saigai/index.htm

内閣府防災担当, http://www.bousai.go.jp/

総務省消防庁, http://www.fdma.go.jp/

早稲田大学文学学術院東日本大震災復興支援情報コーナー, https://sites.google.com/site/wasedaeresus/(동일본대지진에 대한 신문기사, 잡지, 출판물에 현지 필드워크, 인터뷰 등도 참조하고 있다. 이 사이트에는 관련 문헌 정보를 게재하고 있으니 참조해 주길 바란다).

Aguirre, Benigno E., "On the concept og resilience", Preliminary Papers 356, Disaster Research Center, 2006. http://dapace.udel.edu:8080/dapace/handle/197116/2517

Oliver-Simith, A., "Global Challenges and the Definition of Disaster" inE.L. Quarantelli(ed), What is a Disaster: Perspectives on the Question, Routledge, 1998, pp.177-194.

Wisner, B., P. Blaikie, T.cannon and I. Davis, At Risk: Natural Hazards, Pepple's Vulnerability and Disasters, Routledge, Secong edition, 2004(first published in 1994).

제 2 장

에너지학 · 원자력학 시점에서

—에너지 문제와 후쿠시마 원전 사고의 교훈

—오카 요시아키岡芳明

1. 에너지 이용의 역사 — 화석연료는 중요한 에너지원, 에너지는 사회의 혈액

인류는 유사 이래 여러 가지 에너지를 이용해 왔다. 불을 발견하여 활용했고, 소와 말 등 가축을 이용했다. 또한 물레방아, 풍차 등은 산업혁명이 일어나기 전까지 중요한 에너지였다. 와트James Watt가 증기 기관을 발명하고 그 에너지원으로서 석탄을 이용하게 되었고, 에너지 소비량은 비약적으로 증가했다. 1900년대가 되면 석유에너지의 이용이 시작되어 자동차, 항공기 등도 사용하게 되었다. 전기에너지 이용도 개발되어 수력발전, 화력발전이 이루어졌다. 1950년대는 원자력발전에서 얻은 원자력에너지의 이용이 시작되었다.

운송, 공업, 가정, 상업, 식료 등 모든 분야에서의 에너지를 합한 것을 1차 에너지라고 부른다. 에너지는 현대사회에서 인간의 모든 활동 분야에서 사용되고 있다. 이들 에너지의 공급이 중단되면 현대사회의 활동은 죽음에 이르기 때문에 현대사회의 '혈액'이라고 부른다.

〈그림 1〉은 세계의 1차 에너지 소비량의 추이를 나타낸 것이다. 1차 에너지 소비량은 요 40년 사이에 2.3배로 증가했다. 그 대부분(약 88%)이 석유, 천연가스, 석탄 등 소위 말하는 화석에너지이다.

산업혁명 이후 폭발적으로 증가한 에너지 소비를 공급해 온 것은 이들 화석연료이다. 지구온난화 문제가 있지만, 화석연료가 중요한 에너지원인 현재 상태를 갑자기 바꿀 수 있다고 생각하는 것은 무리가 있다.

그림 1. 세계의 1차 에너지 소비량 추이

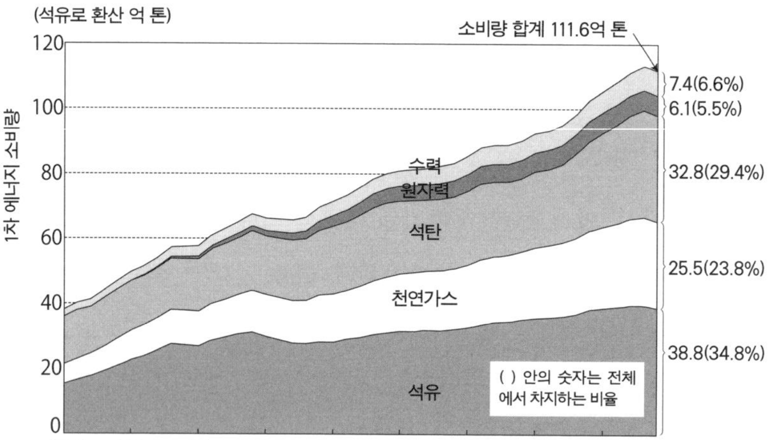

출처: http://wwwfepc.or.jp/library/publication/pamphlet/nuclear/zumenshu/digital/index.html

1인당 1차 에너지 소비량을 보면 미국과 캐나다가 가장 많고 세계 평균 약 다섯 배이다. 러시아, 한국, 프랑스, 독일, 일본은 그 절반이다. 중국과 브라질, 인도 등 인구가 많은 발전도상국의 1차 에너지 소비량은 아직 세계 평균 이하이고, 앞으로 인구가 많은 이들 나라가 발전하면 세계의 1차 에너지 수요는 점점 증가할 것이다.

2. 에너지와 안보 ― 에너지 문제는 만만치 않고 늘 전쟁·분쟁의 원인

주요국의 1차 에너지의 수입 의존도를 나타낸 것이 〈그림 2〉이다. 일본의 수입 의존도가 매우 높은 것을 알 수 있다. 원자력(후쿠시마 사고 전)을 포함해도 82%, 포함하지 않으면 96%이고 원자력을 포함하지 않을 경우 에너지 자급률은 겨우 4%에 불과하다. 원자력발전 비율이 높은 프랑스에서도 1차 에너지의 49%를 수입에 의존하고 있다.

일본의 원유 수입에서 중동 의존도 추이를 나타낸 것이 〈그림 3〉이다. 제1차 석유 위기 극복을 위해 중동 이외의 국가들로부터 원유 수입을 증대시켰고, 석유 화력발전 신설을 중단하는 등 1987년에는 수입 의존도가 약 68%로 내려갔다. 그런데 다시 90% 가까이로 상승해 버렸다. 석유자원이 중동에 편재하고 있는 것과 동남아시아 여러 나라 등 중동 이외의 수입처가 자국 발전에 석유를 필요로 했고, 일본이 중동 이외의 국가로부터 석유를 안정되게 수입할 수 없게 된 것 등이 이유였다.

그림 2. 주요 국가들의 에너지 수입 의존도

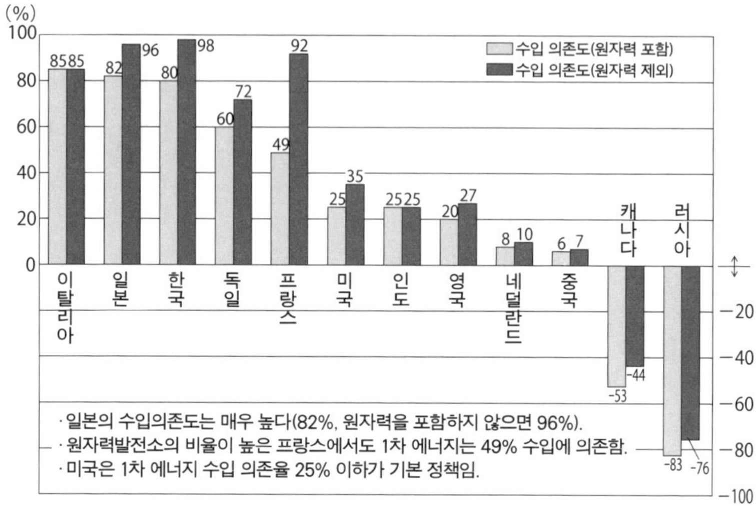

출처: 〈그림 1〉과 동일

그림 3. 원유 수입 중동 의존도 추이

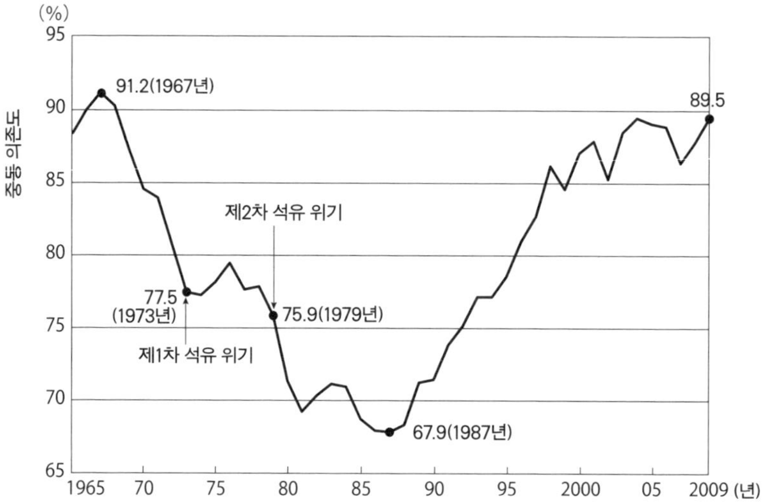

출처: 〈그림 1〉과 동일

만약 중동에 석유자원이 만약 없었다면 중동이 평화로운 지역이었을 것이라는 가정도 있듯이 석유자원은 특별한 지역에 편재해 있으며, 역사적으로 늘 전쟁과 분쟁의 요인이 되어 왔다. 일본의 석유자원 확보 열망은 태평양전쟁을 일으킨 또 하나의 원인으로 지목되기도 한다. 현재도 중동뿐만 아니라 북아프리카, 카스피해 연안, 동중국해, 남중국해 등에서 석유자원을 둘러싼 분쟁·전쟁이 계속되고 있고, 그러한 우려가 있는 지역이 다수 존재한다.

육지뿐만 아니라 해저에도 석유, 천연가스 자원은 존재한다. 미국은 멕시코만 심해의 해저유전, 천연가스전으로부터 원유와 천연가스를 채굴하는 기술을 1960년대부터 개발하고 이용해 오고 있다. 분쟁의 원인이 되는 에너지 자원은 해저에도 존재하는 것이다.

일본, 한국, 그리고 중국이 발전한 것은 동아시아에서 큰 전쟁과 분쟁이 없었기 때문이다. 에너지 자원을 얻기 위한 분쟁과 전쟁을 동아시아가 저질러서는 안 되는 것이다.

일본의 에너지 자급률을 보면 1960년에는 58%였다. 국가 발전과 함께 현재 4%로 내려가고 있다. 1차 에너지 소비량은 그 나라의 국민총생산에 비례한다. 금후 중국, 동남아시아, 인도 등이 발전하기 위해서는 방대한 에너지원이 필요하다. 일본의 식량자급률은 현재 40%이다. 식량 수입이 중단되면 공터와 정원에 고구마 등을 경작할지도 모르지만 에너지는 무리이다. 산에서 자라는 나무를 베어도 곧바로 민둥산이 되어 홍수가 발생해 버릴 것이다.

미국에서는 국방상의 이유로 에너지 수입률을 25% 이하로 한다는 암묵적 기본 정책이 있다. 근래에 들어 석유와 천연가스 가격 상승으로 비재래형 자원 셸 오일shell oil과 셸 가스shell gas 개발과 이용이 경제적으로 가능하게 되었다. 중동의 석유 의존도를 낮출 수 있는 것이 최근 미국이 이란에 대한 경제봉쇄 정책을 미국이 채용하는 것을 좀더 용이하게 만들고 있다고 생각할 수 있다.

천연가스는 체적體積이 크기 때문에 비축이 쉽지 않다. 일본의 석유 비축량도 반년분밖에 없다. 중동 지역에서 대규모 전쟁(예를 들면 이스라엘과 그 주변국)을 상정하면 수년간 에너지원을 안정적으로 얻을 수 있는 가망이 없다.

3. 지구환경 문제

화석연료 연소와 채굴에는 탄산가스와 메탄 등의 지구온난화 가스가 방출된다. 인류는 산업혁명 이후 화석연료를 대량으로 소비해 왔다. 탄산가스 배출량도 그 소비량에 비례하여 〈그림 4〉에서 보듯이 증대하고 있다(〈그림 4〉의 가로축은 2000년을 경계로 눈금이 변하고 있고 2000년 이후에 배출량의 증가가 저하하고 있는 것은 아니다).

하와이의 마우나로아Mauna Loa 산[1]에서 측정된 대기 중의 탄산가스 농도는 근래 50년 사이에 약 25% 증가했다. 평균기온도 50년

1 마우나로아 산은 하와이 중앙부를 차지한 활화산이다. 높이 4,169미터에 현무암질의 순상화산으로 북부 마우나케아 산과 함께 하와이 섬을 구성한다. 겨울에는 정상부에 눈이 쌓이며, 서쪽 사면은 방목지로 이용된다. 1832년부터 45회의 분화가 기록되었고 1950년 마지막 대분화가 있었다. 용암의 방향을 바꾸기 위해 1935, 1942년에는 폭탄을 투하하기도 했다.

그림 4. 석유 연료 등에서 CO_2 배출량과 대기 중의 CO_2 농도 변화

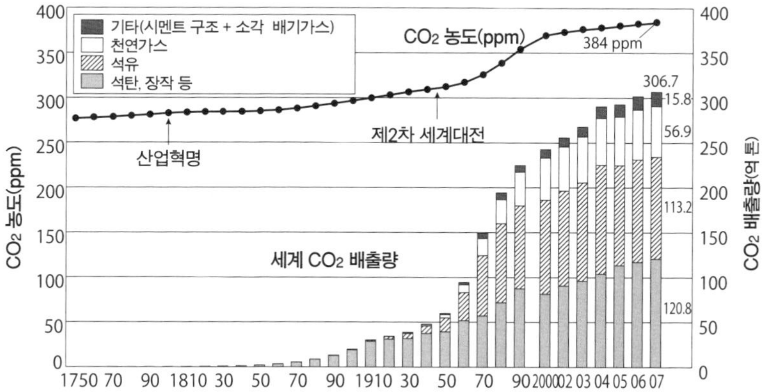

반올림 때문에 합계치가 맞지 않는 경우도 있음

출처: 〈그림 1〉과 동일

사이에 약 0.6도 상승했다. 상승률은 북극과 남극 양극 지방에서 매우 크다. 얼음이 녹아 해수면 상승의 우려가 지적되고 있다.

앞으로 중국, 인도, 동남아시아의 국가 발전에 따른 1차 에너지 소비와 지구온난화 가스 배출량은 점점 증대할 것으로 예측된다. 여전히 교토의정서京都議定書에는 중국과 미국 등이 참가하지 않고 있으며 이마저도 전 세계 온실가스 배출량의 28%만 규제할 수 있다. 그러나 최근에는 온난화 문제를 진지하게 생각하는 나라들이 늘고 있다.

배출량을 줄이는 메커니즘에는 탄소세와 배출권 거래 이외에 일본이 제안하고 있는, 분야마다 삭감 가능량 축적을 목표로 하는 섹터별 접근법이 있다.

일본에서 지구온난화 문제를 엄격하게 규제하는 이유는 에너지 비용이 종래부터 높았기 때문에 에너지 절약이 이미 진행되고 있는 탓도 있지만, 다른 나라에 비해 에너지 절약 여지가 작다는 점, 육지 면적(삼림 면적)이 작아 흡수 가능한 탄산가스 양의 지표가 뒤떨어져 있다는 점 때문이다. 그러나 현재 개발되지 않은, 해양 탄산가스 흡수 효과를 고려하면 해양국인 일본에게는 조금 유리할 수 있다. 그러나 개별 국가의 의도와 전략이 충돌하는 국제무대에서 일본의 주장이 받아들여지기가 그리 쉽지만은 않다.

석유를 퍼내는 대신에 원유 산출국 발전소에서 발생한 탄산가스를 지하로 밀어넣어 격리시키는 방법이 있지만 일본은 석유 수입 대금과 탄산가스 격리 대금 모두를 지출해야 되며, 경제적으로는 이중 타격을 입게 된다.

원유 가격은 2000년경까지 석유 위기 직후를 제외하고는 안정되었는데, 2000년대 후반에는 3-4배로 오르고 있다. 엔고円高 시대였고, 엔 기준에서 원유 수입 가격은 두 배로 저렴했던 2000년경까지는 일본에게 행운이었다. 원유 가격 앙등, 온난화 대책 비용 증가이와 더불어 만약 엔이 외국 시세보다 싸지면, 원유 수입 비용이 증대하고 경제활동뿐만 아니라 국민생활 모든 면에 물가가 상승되게 되어, 생활에 직접적인 영향을 미치고, 기업 활동뿐만 아니라 개인의 생활에서도 파탄이 생길 가능성이 있다.

4. 전기에너지

전기에너지는 스위치 하나로 제어할 수 있기 때문에 지극히 사용하기 쉬운 에너지이다. 정보처리 기계나 에어컨 이용이 증가하고, 전력화 비율(전기 이용의 에너지 이용 전체에 차지하는 비율)이 증가하고 있다.

세계적으로 발전 전력량에서 보면 화력발전이 68%, 원자력이 13%, 수력이 16%에 이르고, 재생가능에너지 등 기타는 아직 3%에 불과하다. 일본에서는 화석연료가 약 62%, 원자력(후쿠시마 원전 사고 전)이 29%, 수력이 8%, 기타는 1%이다. 그 이외에는 연소 발전과 재생가능 에너지이다.

전기에너지는 대량으로 저장할 수 없는데, 반드시 수요 이상의 공급력을 확보할 필요가 있다. 전력 수요(부하)의 변동에 대해서는 양수揚水 화력(야간의 잉여 전력을 사용하여 아래의 댐에서 위의 댐으로 물을 저수하고 낮의 전력 수요의 상황에 맞춰 방류시켜 발전한다)과 가스터빈turbine 화력의 빈번한 기동과 정지 등으로 일본에서는 대응하고 있다. 일본은 해외와 송전망이 연결되어 있지 않을 뿐만 아니라 동일본과 서일본의 주파수가 다르기 때문에 대량의 전력을 동서로 바꾸어 융통할 수 없다.

전기자동차의 보급에 따라 운송에 직접 이용하는 화석연료를 줄이고 에너지 이용 효율(가솔린엔진에는 10% 정도)을 비약적으로 향상(화력발전에서는 45-50%)시키는 것을 기대할 수 있다. 그 축전지蓄電池는 가정용의 전력 저축도 가능할 것이다. 그러나 발전기술의 진보는 늦다. 화력발전에 의지하는 것은 금후에도 이어질 것으로 생각된다. 또한 도쿄와 같은 대도시의 전력 수요를 '어떻게 공급할 것인가'라는 커다란 과제도 존재한다.

재생가능에너지도 에너지 자급률 향상에 도움이 되기 때문에 추진해야만 한다. 그러나 원자력과 재생가능에너지의 양자택일적 논의는 오류이다. 재생가능에너지 기술 개발은 일본에서도 약 40년 전부터 진행하고 있고 서구에서는 실용화 제2기에 들어서고 있다. 일본에서의 실용화를 목표로 하다면 지금까지의 추진 일정을 반성하고 그 경험을 발휘해야만 한다.

미국의 발전 비용 비교를 나타낸 것이 〈그림 5〉이다. 발전소는 일반적으로 건설 후 장기간 사용되기 때문에 여기서는 건설비를 삼각한 이후의 발전 비용을 나타낸다. 미국은 동부 애팔래치아Appalachian 산맥 부근에서 석탄을 대량으로 산출한다. 노천굴도 가

그림 5. 미국의 원전 비용(건설비를 상환한 후의 발전 비용)

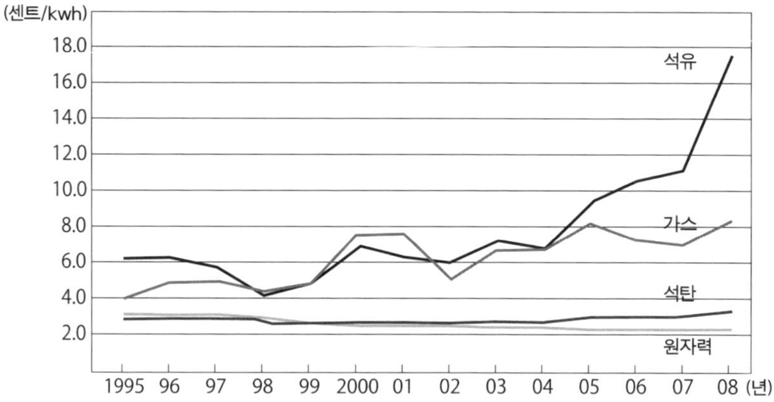

출처: http://www.world-nuclear.org/info/inf02.html

능하고 그 장소에서 발전할 수 있기 때문에 석탄 화력발전 비용은 지극히 싸지만 원자력발전 비용은 그것보다도 낮다. 석유 화력발전 비용은 대폭적으로 상승하고 있다. 가스 화력발전 비용이 그다지 상승하지 않은 천연가스에는 운송과 저장에 인프라가 필요한데, 미국에서는 인프라와 한 쌍으로 장기적인 수급계약으로 이용되고 있기 때문이라고 생각된다. 미국의 석탄 화력과 원자력발전 비용의 절대치는 2센트를 조금 넘고 엔円으로 환산하면 2엔 정도이다. 발전 비용은 나라마다 차이가 있지만 후쿠시마 원전 사고 이전 일본의 원자력과 화력발전 비용 5-6엔과 비교해도 지극히 싸다. 후쿠시마 사고 이후에 논의되고 있는 발전 비용과 재생가능 에너지의 매입 가격을 비교하면 압도적으로 싸다. 전력 가격 등 에너지 비용은 제품과 서비스의 비용에 반영되기 때문에 국제적 경쟁 속에 놓여 있는 일본의 제조업이 공장의 해외 이전을 생각하는 것은 당연하다.

후쿠시마 사고 이전부터 대학생의 취직난은 심각하게 현실화되었다. 에너지 문제에 대한 대응을 잘못하면 취직난도 더 심각해진다. 실업자가 넘치면 범죄가 늘어난다. 안심뿐만 아니라 안전도 잃을 가능성이 있다.

5. 후쿠시마 원자력발전 사고의 교훈

도쿄전력 후쿠시마 원자력발전 사고는 후쿠시마 현민縣民을 비롯한 국민에게 엄청난 폐를 끼치고 있다. 두 번 다시 이와 같은 사고가 일어나서는 안 된다.

1) '책임 부재'의 구조

원전 사고의 직접 원인은 상정을 뛰어넘은 대규모 쓰나미라고 논하는데, 안전심사위원회에서 그 가능성을 전문가가 지적했음에도 불구하고 그 지적은 현실에 적용되지 않았다. 어째서 그렇게 되었는지를 생각하면 단순히 '상정 밖'이라는 말로는 해결되지 않는 독특한 일본의 성향 문제와 문화가 깊이 연관되어 있음을 알 수 있다.

근본적인 문제는 '책임 부재'의 구조와 '밀실'과 '무라(村)'를 좋아하는 문화적 특성이다. 이는 원자력과 관련된 행정과 기업이에만 한정된 문제가 아니다. 문제의 근원적 뿌리는 깊다. 개혁에 맞게 이 일을 우선 잘 인식할 필요가 있다. 원자력 규제 개혁은 담당 성청省廳을 변경하는 단순한 조직 만들기로는 절대로 해결되지 않는다. 그 '구조'와 '의식'을 근본부터 다시 구축할 필요가 있다. 추진과 규제의 분리, 상하 관계로만 움직이는 구조의 배제, 역할과 책임 범위의 명확화와 그들의 조직화, 실효적으로 규제 행정을 점검하는 장치 등이 필요하다.

국민은 원자력전문가와 원자력 규제 행정을 신용하지 않는다. 전문가는 이 불신을 겸허히 받아들여 인내심을 갖고 실적을 쌓는 것이 중요하다. 국민의 분노는 당연하겠지만 이러한 분노와 감정에만 머물지 말고 에너지 문제의 다양함과 일본에서 책임 부재가 심각한 문제라는 것을 이해할 필요가 있다.

2) 책임 있는 원자력 규제란

원자력 추진과 규제의 분리가 이루어지도록 노력하고 있지만 단순히 규제의 '형태'를 변경하는 것만으로는 근본적인 해결이 이루어지지 않는다. 원자력 규제 시스템은 나라마다 다양하다. 예를 들면 미국과 독일에서는 행정 형태에 따라 차이가 있다. 그러나 공통적인 것은 ①각 조직의 역할 분담과 책임이 명확한 것, ②그 구성원이 각각의 역할을 조직적으로 분담하고 실행할 수 있는 것, ③본업의 여가가 아니라 오랜 세월 그것을 자기 자신의 일로 행하는 전문 집단이 있고 그것이 조직으로서 일을 하고 있는 것, ④구두가 아니라 레포트와 서류를 작성하여 검토를 행하고 그것이 공표되는 것, ⑤고정적·축적의 규제가 아니라 최신의 의견을 탐구하고 규제 개량에 이를 활용하는 의식과 책임감 등이 존재한다는 것이 공통점이다. 바로 이러한 것들이 가장 중요한 것이다.

미국에서는 원자력규제위원회가 규제 결정을 위해 다섯 명의 커뮤니티 합의를 공개 석상에서 실시한다. 사무국에서는 박사학위를 가지고 오랫동안 원자력 안전 규제에 종사하는 전문가가 있고 원자력규제위원회의 결정을 공개의 레포트로 작성하여 지지하고 조직으로도 일체화되어 기능한다.

후쿠시마 원전 사고와 같은 노심용해爐心溶融〔노심용해는 원자력 발전소에서 사용되는 원자로의 노심에 있는 핵연료가 과열이나 이상으로 인해 내부의 열이 급격히 상승하여 연료 집합체 또는 노심 구조물이 용해 또는 파손되는 것을 가리키는 현상이다. 즉, 노심이 녹아내리는 것을 말한다. 최악의 경우는 원자로 압력 용기나 원자로 격납 용기, 원자로 그 자체가 파손되어 방사성 물질이 주위에 확산하는 경우도 있다. 노심용융爐心鎔融 또는 노심용해爐心融解라고도 한다] 사고는 복잡한 현상이고 전문가의 깊은 통찰과 오랜 세월 여러 방면에 걸친 경험과 연구 개발이 필요하다. 미국 원자력규제위원회에서는 외부 전문가로 구성된 원자력안전자문위원회가 있고 전문가로서 의견을 제시한다. 자문위원은 조교의 도움과 경험이 풍부한 컨설턴트의 지원도 받을 수 있고, 원자력규제위원회는 자문위원이 전문가로서 책임을 완수할 수 있도록 하고 있다. 자문위원회의 규제 권한은 당연히 없다. 그러나 안전연구 레포트와 규제 근거 등은 모두 공개한다.

미국에서는 안전 연구를 국립연구기관과 대학에 위탁하고 최신 의견을 계속해서 연구한다. 대학에서는 박사과정 학생도 그에 종사하는 등 인재 육성도 동시에 실시하고 있다.

독일의 원자력 안전 규제와 그 관련 조직은 미국과는 조직 상태가 다른데 각각의 조직이 역할을 분담하고 잘 기능하는 점은 공통적이다. 독일은 안전 연구와 기술 기준 검사, 안전 기준 작성 등은 각각 외부의 전문 조직이 실시하고 있다. 모두 자기 자신의 책임을 완수하고 있다는 점에 커다란 특징이 있다. 대학도 칼스루헤Karlsruhe 공과대학(이전의 칼스루헤 국립연구소) 등을 중심으로 안전 연구를 장기간에 걸쳐 실시하고 있다.

일본에서는 안건마다 대학 교원과 연구기관 연구원이 위원을 맡는 다수의 위원회가 있고 논의와 심의가 결의되고 있다. 그 대부분은 참고 의견을 서술하는 역할로, 규제 행정상의 권한은 당연히 없다. 그러나 방대한 시간을 이들 위원회에서 소비하고 있다. 위원들의

의 본 업무는 따로 있기 때문에 검토 깊이나 경험 계승과 반영, 조직화, 검토결과의 투명성, 책임 등은 미국과 독일에 크게 뒤지고 있다고 말하지 않으면 안 된다. 게다가 위원회에서는 그 지방의 이해와 정치적 판단, 규제 결과 등 본래 위원이 전문으로 하는 과학적 의견과는 격리되어야만 하는 것까지 판단을 위임하고 있는 것 같다. 대학 교원과 연구기관 연구원은 원자력 규제와 그 지방의 이해관계와는 본래 관계가 없다. 일본에서는 이들 관계가 애매하지만 서구에서는 저마다의 책임 범위가 명확하다.

대학의 원자력 관계 교원은 일본의 원자력 이용 개시 이후 많은 위원회와 심의회 위원 자격으로 원자력 추진과 규제 양쪽에 협력해 왔다. 그러나 일본의 소위 '원자력 예산'은 원자력의 개발 이용 개시 이후 '야나이하라矢內原 원칙'(1995년 원자력기본법 제정 때에 원자력 예산을 대학에서는 사용하지 않는 것을 결정한 부대 결의)을 이유로 오랜 세월 대학에 제공되지 않았다. 경쟁적 자금에 응모해서 채택되면 대학 관계자도 '원자력 예산'의 자금을 받을 수 있게 된 것은 11년 전에 과학기술청과 문부성이 통합된 이후의 일이다. 야나이하라 원칙이 현재는 사실상 소멸했고(기무라木村·다나카田中, 2008) 대학이 '원자력 예산'으로 살아가고 있는 것은 아니다. 대학 교원도 권한과 책임이 애매한 위원회에 대한 관여를 이제 반성하고 교육과 과학적 식견 탐구의 본래 역할에 한층 더 매진해야만 할 것이다.

3) 원자력규제협의기구와 감시 구조 창출

규제를 담당하는 측과 원자력 사업자 양측이 원자력의 안전을 둘러싸고 진지한 토론을 전개할 수 있는 투명한 '구조'가 필요하다. 이것은 스모에서 선수가(규제를 담당하는 측과 원자력 사업자) 진지하게 대전(주고받음)하고, 이를 관중이 지켜보는 것과 비슷한 이미지이다. 스모 대전 모습이 텔레비전에서 중계되는 경우도 있듯이, 이러한 토론도 중계될 필요가 있을 것이다. 다만 스모와 다른 점은 규제는 승부를 가리는 작업은 아니라는 것과 원자력 사업자는 규제 측이 절차를 밟고 결정한 안전 규제와 지침에 따를 필요가 있다는 것이다.

씨름판의 규칙이란 예를 들면 씨름판 위에서는 규제 측과 사업자가 대등하며, 신청에서 의견 교환, 그리고 그 검토 결과는 구두가 아니라 서면으로 제출하는 것, 씨름판 밖에서 이루어지는 거래는 엄격하게 금지하는 것 등이다.

진지한 승부를 위해서는 규제 담당 측에서도 단순한 '천황お上'의 위광이 아니라 사업자와 동등하게, 안전을 둘러싸고 벌이는 논쟁 실력과 책임감 있는 체제가 필요하다.

원자력의 추진과 규제의 분리가 중요하다. 모든 것이 공개되어 국민 모두가 지켜볼 수 있는 '씨름판土俵'은 그 때문에라도 큰 역할을 완수할 것이라고 기대된다. 규제 담당 측의 안전을 둘러싼 진지한 고찰을 촉구하고 사업자 측도 그에 대한 대응을 검토하고 결과를 공개적인 장소에서 논의한다. 이것이 진정한 의미의 '추진과 규제의 분리'이다. 미국의 원자력규제위원회의 규제 행정을 보면 양자가 서로 싸우는 이미지가 아니라 투명한 장소에서 규제 작업을 시행하고 그 결과 안전과 규제의 실효성과 효율성이 고양되는 이미지를 가지고 있다. 외부의 안전전문가로 구성되는 자문위원회가 안전 확보의 충실성과 과제의 예견豫見을 돕고 있다.

책임이란 예산과 인원에 동반하는 것이다. 지금까지 일본 원자력 규제 행정이 능숙하게 기능하지 않았던 것은 후쿠시마 원전 사고가 일어난 하나의 큰 원인이다. 형태뿐만 아니라 내용과 의식이 본질적으로 변하지 않으면 안 된다.

미국에서는 행정을 국민이 감시하는, 의회의 행정감사위원회가 있는데, 이 행정감사위원회는 원자력규제위원회의 작업을 조사·감시하고 그 결과를 공표한다. 또한 의회는 매년 예산과 정원을 결정한다. 이것이 원자력 규제 행정의 개선과 실효성에 큰 도움이 되고 있다.

과거 일본의 원자력 규제 행정은 세부 검토와 논의에 많은 인적·예산 자원을 소비했음에도 불구하고 후쿠시마 사고를 막지 못했다. 만약 외부로부터의 엄격한 감시 기능이 있었으면 지나친 세부검토와 지적 등, 규제 담당 측의, 유아독존이라고 말할 수 있는 독주는 막았을 것이다.

행정에 대한 실질적인 감시 기능이 거의 작동하지 않는 것은 원자력 규제에만 한정된 것이 아니라 일본에 있어서의 커다란 과제이고 일본이 현재 직면하고 있는 어려움의 큰 원인 중 하나이다. 후쿠시마와 같은 사고를 두 번 다시 발생시키지 않기 위해서는 새로운 원자력 규제를 통해 타 분야에 앞서서 실효성 있는 규제 행정을 감시하는 장치를 받아들이는 것이 필요하다.

4) '상정 밖' — 인간은 전능한 신이 아니다

대규모 쓰나미와 그로 인한 후쿠시마 원전 사고는 분명히 '상정 밖' 이었다. 후쿠시마 원전 사고 원인인 대규모 쓰나미는 말 그대로 그렇게 발생할 것이라고는 상상할 수 없었던 '상정 밖'이었고, 그게 원인이 되어 원자력발전소가 침수로 인해 냉각용 펌프의 비상용 전원도 원자로의 상태를 계측하는 축전지 전원과 전원계기의 기능을 잃었다. 원자로 냉각뿐만 아니라 해수 방열 방법도 잃게 되어 대사고로 이어졌다. 물론 이에 대해 여러 가지 의견 교환과 교훈을 통해 대책을 강구하고는 있다.

예를 들면 쓰나미 대책이나 전원 설비 강화, 노심용해 사고에 대비한 방출방사능을 저감하는 필터벤트Filter vent 설비 등이다.

필터벤트 설비는 방출방사능을 1만 분의 1로 줄일 수 있는 성능이 있다고 일컬어지고 있다. 유럽이나 미국에서는 1990년대부터 이를 설치하고 있다. 만약 일본에도 이것이 도입된다면 방사능 오염이나 대피 문제도 원자력 발전소 근방으로 한정될 것이다. 후쿠시마 원전 사고에서도 물로 씻어 방출하는 압력 억제 방식에는 환경방사선량 상승이 관측되지 않았었다.

발전소 건설 후에 기술과 지식의 진보를 도입하는 개정이 중요하다. 일본에서도 내진耐震 지침은 효고 현兵庫縣 남부 지진 등의 경험을 통해 개정했으며, 개정 이루어지고, 후쿠시마 원전 사고에서도 발전소 안전계기는 지진이 발생했을 때 작동했으며 쓰나미가 덮치기 전까지는 그 기능을 완수하고 있었다. 이처럼 설비 대응이 제일 중요하다.

그러나 사고 전체를 예측하는 것은 곤란하다. 원자력발전소와 항공기는 사고 전체를 예측할 수 있다면 자동 운전이 가능하기 때문에 운전요원이나 조종사는 필요없게 된다. 운전 중인 상태에서 운전요원과 조종사의 역할은 운전 조작이 아니라 운전 상태 감시로 되어 있다. 그들이 필요한 것은 '상정 밖'의 사태에 대비하는 것이다.

인간은 전능한 신이 아니기 때문에 '상정 밖'을 거부할 수 없다. 원자력 사고 방지를 위해 설치되어 있던 오프사이더센터offside center는 지진으로 그 기능을 상실하고 기능을 다할 수 없었다. 긴급사태는 모두 '상정 밖' 요소를 내포하고 있다. 정부의 긴급대책본부라는 것은 '상정 밖'에 대처하기 위해 마련해 둔 것이다. 후쿠시마 원전 사고가 발생한 최초의 일주간은 애석하지만 그 대책본부가 담당할 역할을 완수했다고는 말할 수 없다. 이것이 현실에서 일어난 진정한 '상정 밖'이었고, 이를 교훈으로 다시 한번 각성해야 하는 것이 아닐까.

5) 방사능의 공포로 인한 사회적 사고의 경감

후쿠시마 원전 사고는 원자력 규제와 안전 연구뿐만 아니라 정부와 행정의 긴급 대응, 피해 지역과 국민과의 관계라는 문제점에도 큰 교훈을 가져다주었다. 참고할 만한 과거 사례는 많았지만 그것이 충분하게 활용되지 못했다.

이번 후쿠시마 원전 사고 때에는 사고 수습 작업에 종사한 사람들에게 피부장애와 백내장 등의 급성 방사선 장애는 관측되지 않았다. 원전 사고 주변 주민들의 피난도 신속하게 이루어졌다. 많은 추적 조사도 필요하지만 방사선 장애가 후쿠시마 원전 사고에서는 다행히도 관측되지 않았다.

체르노빌Chernobyl 사고 때에는 국제기관과 러시아, 우크라이나, 벨로루시Belarus(벨로루시는 러시아의 서쪽, 우크라이나와 폴란드에 접해 있는 공화국을 말한다) 삼국에서 조직한 체르노빌 포럼의 보고서를 보면, 방사선 영향보다 피난으로 인한 사회경제적 영향이 더 컸다고 기술되어 있다. 후쿠시마 원전 사고에서도 방사선과 방사능에 대한 공포가 피해를 확대하고 지배하고 있다. 피난에 따른 피해와 풍문 피해가 방사능에 의한 주민의 건강 피해보다도 더 막대했다. 후쿠시마 원전 사고는 원자로 사고를 계기로 한 사회적 사고이기도 하다.

방사선 장애의 기준 데이터는 히로시마와 나가사키의 원폭 피해자 데이터를 통해 히로시마, 나가사키의 대학과 연구기관에서 오랫동안 연구가 이루어져 왔다. 후쿠시마 원전 사고에서 전문가들이 보낸 보낸 과학적 정보는 많은 뜬소문들과 감동적 이야기들에 섞여서 어디론가 사라져 버렸다.

후쿠시마 원전 사고 초기에는 전문가와 전문기관이 조직화되지 않았고, 과학적 의견을 집약해서 행정과 정부에 전달하는 전달 조직도 기능하지 못했다. 국민들에게 발신하는 정보 전달도 능숙하게 이루어지지 않았다. 연구개발기관과 거리를 두거나 이 조직과 상관없는 조직을 만들어 이를 활용할 수 있는 구조 만들기가 요구되고 있다.

대형사회적 사고에 대응하기 이전에 정부가 규제행정청과 안전 전문가의 의견에만 의존하는 구조는 이미 부적절한 것임을 알게 되었다. 미국의 스리마일Three Mile 섬 원전 사고에서도 원자력규제위원회가 '수소 폭발'을 부정하지 않았기 때문에 주민이 패닉 상태에 빠졌었다고 전하고 있다. 후쿠시마 원전 사고에서도 '재임계再臨界'(재임계란 원자로에서 사고 등으로 노심 연료가 임계에 이르는 것을 말함. 사고 시에는 노심의 정지 조작으로 미임계로 하지만 그럼에도 불구하고 사고의 진전에 의한 노심 형상의 변화로 임계가 된다고 계산상 생각할 수 있다)를 부정하는 것은 원자력 규제에 관계된 안전 전문가들에게는 불가능한 일이다. 그렇지만 재임계가 발생했어도, 마이너스로 그것이 피드백되는 위험성은 없다. 국민에게 큰 영향을 주는 저선량低線量(방사선의 양이 적은) 피폭이 가진 건강 영향 문제에 대해서도 마찬가지인 것이다. 최악의 시나리오를 생각해야 하는 것은 사고 대책에 책임을 가진 정부로서는 당연하지만 거대 피해에 따른 사회적 영향 경감에 있어서는 안전 전문가에게만 의존해서는 안 된다고 본다.

저선량 피폭처럼 과학적으로 해명되지 않은 부분이 존재하는데도, 이를 이용하고 있는 과학 기술은 많다. 예를 들면 고농도에서는 발암성이 확인되고 있지만 저농도에서는 영향이 불분명한 화합물과 불순물 등이 포함되어 있다. 오히려 현대사회가 이용하고 있는 거의 대부분의 기술에는 이와 같은 부분이 많은 것이 아닐까. 예를 들면 대기 오염은 꽤 저감低減되었지만 현재 수준에서 괜찮다는 과학적 근거는 명확할까. 배기가스, 실내나 차내 공기, 전파, 음파, 식품 속의 불순물 등등이 그것이다. 오히려 우리들 주변의 거의 대부분이 저레벨 영역에서는 그 영향이라는 것이 과학적으로 해명되지 않는 것들이다. 물론 불분명한 부분이 있기 때문에 과학기술을 통한 탐구가 필요한 것이기도 하다.

후쿠시마 원전 사고가 후쿠시마 현민縣民을 비롯해 그 지방에 미친 사회·경제·심리적 영향은 아직 관측되지 않고 있는 방사선 건강 피해보다 더욱 심각하다. 우리들은 이 문제에 어떻게 마주하고, 앞으로 그 교훈을 어떻게 발전시킬 것인가 생각해 보지 않을 수 없다.

후쿠시마 원전 사고의 큰 교훈에는, 공장 설비 건설 후 의견을 개진하여 개선하는 방식을 하나 들 수 있다. 특히 '수위계水位計' 문제이다. 미국의 스리마일 섬 원전 사고에서도 노심용해 사고 때에 수위를 바르게 표시할 수 없었던 것이 알려져 있는데, 그 개선이 후쿠시마 원전 사고에서 실행되지 않았던 것은 엄격히 반성되어야만 한다. 여전히 원자로에 물이 차 있다는 잘못된 정보로 인해 원자로가 냉각되지 않는다는 결론을 내고, 결과적으로는 잘못된 해석이 이루어졌고, 이는 원자로 전문가에 대한 불신으로 이어졌다.

방사능의 비산飛散 상황 즉 오염 상황에 대한 정부의 발표도 사고 당초에는 적절하게 이루어지지 못했다. 이공계 분야에서는 정답이나 진리는 정확하게 정해져 있어 신뢰할 수 있는 정보에 바탕을 두고 판단하는 것이 기본이다. 정부의 발표 정보 이외의 '소문'을 바탕으로 판단한다거나 해설한다거나 하는 것은 과학기술 분야의 전문가로서는 있을 수 없는 일이다. 원자로의 수위水位 정보와 정부의 발표 정보가 잘못되었다거나 오염 상황 발표가 늦었다거나 하는 것이 결과적으로 원전 사고에 대한 잘못된 해설로 판단되어 원자력 전문가에 대한 신뢰를 잃게 하는 결과가 되었다면 이는 매우 애석한 일이라고 말하지 않을 수 없다. 그러나 그 후 문부과학성이 발표한 방사능 오염 지도 작성 시 대학이나 연구기관의 연구자가 오염도 측정에 크게 공헌한 것은 일반인에게 많이 소개해도 문제가 없을 것이다. 후쿠시마의 제염除染도 일찍부터 전문가의 조언을 얻은 지방자치단체 쪽이 먼저 진행하고 있었다.

원자력발전소의 테러 대책은 노심용해 사고 대책을 생각할 때에 많은 참고가 된다. 9·11 이후 미국의 원자력발전소는 테러 대책을 강화했다. 미국은 각국에 주의를 촉구했는데 일본만이 그것을 정확하게 인식하고 대응하지 못했다. 2002년에 도쿄원전 은닉 사건으로 원자력계획부가 없어졌고, 경험 있는 원자력 안전 전문 인재가 분산해 버린 것처럼 보였다. 이것이 테러 대책과 대형 쓰나미 문제를 인식할 수 없는 결과를 초래했고, 결과적으로 후쿠시마 원전 사고를 막지 못한 원인이라고 추측된다. 전문 인재를 소홀히 하지 않는 것이 중요하다.

6) '풍문' 문제

후쿠시마 원전 사고에 수반되는 풍문 피해 영향은 국내외로 미치고 있다. 특히 원전 사고 주변 지방에 많은 영향을 주고 있다. '쓰레기' 처리는 진행되지 않고 농수산물 산업은 많은 손실을 받고 있다.

1999년에 이바라키 현茨城縣 도카이무라東海村에서 발생한 핵연료가공시설주식회사(JCO) 사고에서도 풍문 피해는 발생했다. 이때 방사능 오염은 없었음에도 불구하고 풍문으로 인한 피해가 있었다.

'풍문' 문제의 본질은 방사능의 유무가 아니라 다른 것에 있는 것이 아닐까. '풍문' 문제는 단순히 미디어 문제만이 아니라 사람들의 인식과 인지 등 사회문화 활동의 근간과 관계되는 복잡한 문제로서 그에 대한 해명이나, 국민, 미디어에 대한 피드백의 장치가 필요하다.

7) 일본의 '구조적' 문제

후쿠시마 원전 사고와 에너지 문제를 개별적이거나 구체적인 대책으로만 생각한다거나 논의하면 문제 해결에 이르지 못한다. 일본인은 생각하는 것이 어떤 '형태'로 나타나야 한다고 믿거나 눈으로 보이는 '설비hard'에 편중하기 쉬운 특징을 갖고 있다. 특별회계에 의존한 정부예산 '장치'도 이를 조장하고 있다.

긴급 상황 시 정부의 늦은 대응, 진재震災와 후쿠시마 원전 사고 후 그 지방의 요구에 대응하는 행정의 지연, 원자력 규제를 운용하는 인재와 조직력 부족 등의 문제는 '형태'와 '설비'만으로는 대응할 수 없음을 나타내고 있다. '구조적 장치'란 조직과 사회의 소프트 측면의 문제로서, 여기에는 소프트를 만들어 내고 있는 문화와 의식도 포함하고 있다. 일본의 '구조' 문제는 단순히 후쿠시마 원전 사고의 원인이 되었을 뿐만 아니라 '일본병日本病'이라고도 말할 수 있는 구조 상황을 만들어 낸 행·재정 개혁 과제와도 중복된다. 일본이 침몰하지 않고 21세기도 빛나는 나라로, 민족으로 살아남기 위해서는 우수한 국가의 '구조적 장치'를 창조할 필요가 있다.

6. 원자력 교육

원자력학原子力學은 공학 분야뿐만 아니라 이과계열, 생물계열, 특히 인문사회계열의 모든 과학과도 관련된 광범위한 학문 영역이다. 원자력 안전을 위한 전문가 영역에서는 우선 원자력공학을 중심으로 하는 분야를 체계적으로 교육할 필요가 있다. 그것을 위해서 20-25개 과목을 배우게 할 필요가 있다.

일본의 대부분 대학의 원자력공학 교육은 대학원 석사과정을 중심으로 실시되고 있다. 기초적이고 체계적인 원자력 교육 커리큘럼을 준비하는 것이 무엇보다도 필요하다. 또한 석사과정 수료를 위한 필요 단위 수는 많지 않기 때문에 이수할 과목 수를 늘리고 석사논문에 필요한 구체적 전문과목만이 아니라 체계적으로 많은 과목을 배우게 할 필요가 있다. 또한 필기시험으로 성적을 평가하고 이해가 부족하다고 판단되는 경우에는 재이수를 실시하는 등 엄격한 석사과정 단위 관리를 전공과 연구 전체에서 실시할 필요가 있다.

미국이 미국의 경쟁력과 세계를 리드하는 모든 활동 능력의 원천은 엄격한 대학 교육에 있다. 미국에서는 원자력공학 교육은 주요 대학의 원자력공학과에서 실시되고 있다. 대학생 보조원들이 실제 연습을 실시하고 학생의 이해를 도와줌과 동시에 스스로의 능력 향상도 연마하고 있다. 연습에 대한 충실성은 일본 내의 교육에서 가장 먼저 도입해야 할 부분이다. 미국의 원자력공학과에서는 원자로 물리학과 열유동熱流動공학 등 기간基幹 과목을 중심으로 커리큘

럼이 편성되어 있고 물론 이에 맞춰 교원이 채용된다. 그리고 연구실도 구성되어 있다. 미국에서는 이러한 교육 과정이 흐트러진 적이 없다.

원자력 개발 초기에 만들어진 교과서는 그 후의 실용기술과 해석기술의 진전을 반영하고 있지 않다. 다행히도 일본에서는 수년 전에 원자력 전문직 대학원이 개설되었을 때에 새롭게 작성되어 현재 11권까지 간행되고 있는 원자력 교과서 시리즈(옴OHM사 간행, 〈그림 6〉)는 일본의 우수한 실용 경수로 기술과 원자력 연구 개발의 경험을 반영했다. 이는 세계에서 가장 우수한 원자력 교과서라고 말해도 과언이 아닐 것이다. 영어 번역 출판도 기획하고 있다. 이를 바

그림 6. 최신 원자력 교과서 시리즈

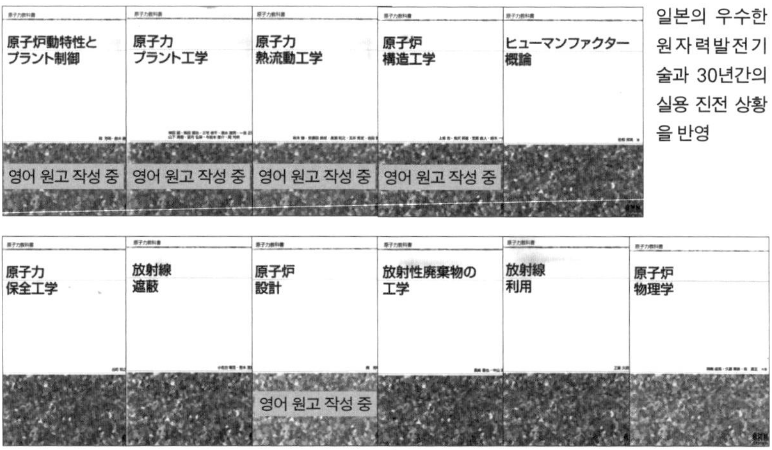

제1호 발간: 원자로原子爐 동특성動特性과 플랜트제어 제2호 발간: 원자력 플렌트 공학
제3호 발간: 원자력 숙류동熱流動공학 제4호 발간: 원자로 구조공학
제5호 발간: 휴먼 펙터 개론 제6호: 원자력 안전공학 제7호: 방사선차단 제8호: 원자로설계
제9호: 방사성폐기물 공학 제10호 발간: 방사선 이용 제11호 발간 원자로 물리학

탕으로 연습과 실습을 덧붙여 엄격한 교육을 실시함으로써 원자력 관련 인재를 육성할 수 있다. 그러나 여전히 우수한 교원 육성은 간단하지 않음을 지적해 두고 싶다.

7. 원자력 안전의 과학적 지식의 탐구와 원자력 규제 전문가의 육성

대학수업에서 배울 수 있는 것은, 원자력공학의 기초 부분이다. 이것은 원자력 전문 인재의 육성에서 필수적 요소인데 연구자와 원자력 안전 규제에 대한 실무자를 양성하기 위해서는 그전에 육성 시스템과 인재 처우 방책이 필요하다.

원자로에서 중성자거동中性子擧動과 열유동거동熱流動擧動 등을 여러 가지 조건으로 뇌리에 그릴 수 있는 능력을 가진 전문가가 필요하다. 박사과정까지 면학을 계속하여 박사학위를 취득한 후 그 분야 연구에 종사하면서 수년이 지나야 마침내 이 수준에 도달할 수 있다.

원자로의 노심용해 사고는 현상이 복잡할 뿐만 아니라 사고 원인과 안전계기 작동 상태에서 등 여러 가지 케이스가 존재한다. 발생 빈도도 적고 경수로 사고로서는 스리마일 섬 원전 사고와 후쿠시마 원전 사고가 있을 뿐이다. 경험적으로 알고 있는 것이 적기 때문에 노심용해 사고 검토에는 기초 원리부터 생각할 수 있는 능력을 가진 인재가 필요하다. 후쿠시마 원전 사고에서 얻을 수 있는 지식을 포함해 노심용해 사고의 과학적 지식의 장기적·계속적인 탐구가 필요하다. 이것은 주로 연구개발기관과 대학의 역할이고, 대학에서는 대학생에게 이를 연구테마로 설정하도록 유도하는 것으로 장래에 안전 연구에 종사하는 인재를 육성할 수 있다.

지금까지 일본은 원자력 안전에 대한 미국의 의견에만 의존해 왔다. 세계에서도 보기 드물게 자주 발생하는 일본의 특수한 지진이나 쓰나미 대책을 생각할 수 없었던 이유의 일단이 여기에 있다. 미국에서는 안전연구 예산 과반수가 노심용해 사고 연구에 사용되고 있다. 일본의 노심용해 사고 연구의 예산이나 인적 자원도 유럽이나 미국에 비해 크게 뒤떨어져 있다. 노심용해 사고 연구와 인재 육성을 실행할 필요가 있는 것이다. 효고현 남부 지진 때에 행해진 지진 대책은 후쿠시마 원전 사고에서도 유효했기 때문에 일본도 하면 할 수 있는 것이다.

원자력 규제 행정에 종사하는 전문가에게는 연구 개발과는 다른 경험과 능력이 요구된다. 즉 실제의 공장 시설에 규제를 적용하기 위한 경험과 지식이 필요하고 이것도 원자력공학을 배운 이후 오랜 시간 동안 그 업무에 종사하는 것으로써 능력이 연마된다. 담당 부서를 정기적으로 변경하는 일본의 상급공무원에게 이는 매우 곤란한 일이기도 하다. 원자로 메카Mecca 연구소를 퇴직한 인재가 안전 규제 지원 사무에 종사하는 경우에도 메카 시기 자신의 전문 분야에서 종사하면 된다는 것은 아니고, 시설 전체와 타 분야와의 관련을 공부할 필요가 있으며, 좋은 연수 제도는 좋은 규제를 만드는 기본 요건이다. 미국 원자력규제위원회의 연수 자료는 장기간에 걸친 안전연구 성과를 안전 규제의 요점과 관련해서 정리한 우수한 자료이고 노심용해 사고의 좋은 교과서이기도 하다. 우수한 자료와 보고서를 정리할 수 있다는 것은 우수한 인재가 있다는 증거이다. 유럽이나 미국에서도 오랜 세월 노심용해 사고 연구를 실시하고 있고 그 성과가 교과서로 최근 간행되었다. 유럽이나 미국에서는 노심용해 사고 대책도 증거로 받아들여지고 있다. 능력과 경험이 있는 전문가 집단을 육성하고 각각의 책임을 완수하는 구조 시스템이 요구된다. 또한 대형 사고와 대형 재해 시에는 정부의 의사결정과 행동을 이들 집단이 분담하여 조직적으로 지지하는 구조도 필요하다.

미국의 원자력규제위원회는 사무국 직원 약 50%가 기술전문가이며 전체 직원의 25-30%는 박사학위 소지자들이다. 원자력 분야의 기초적 소양을 바탕으로 오랜 세월 원자력 안전 행정에 종사해 온 풍부한 경험을 가진 전문가가 규제 행정을 조직적으로 실시하고 있다. 그리고 직원 연수 시스템도 가지고 있다. 일본의 원자력 규제 전문가 육성에는 연수 시스템, 연수 자료와 그것을 위한 레포트가 필요하다.

경험이 풍부한 인재 육성에는 규제 전문가로서의 경력 경로 형성도 중요하다. 원자력 규제 행정을 위한 인재 육성 문제는 교육과 연수 문제뿐만 아니라 경력 경로 형성도 중요하다는 것에 주의를 기울일 필요가 있다. 원자력 안전 규제에 해당하는 인재를 뽑을 때 원자로 주임 기술자와 원자력·방사선 기술자 등의 자격 취득을 진행하는 방책도 생각할 수 있다. 자격 취득은 그 능력을 객관적으로 인증하는 것이기 때문이다.

8. 정리–에너지 문제는 냉정하게 다면적으로 고찰

에너지는 사회의 혈액이다. 에너지를 얻을 수 없다면 사회의 모든 활동이 붕괴된다. 선진국뿐만 아니라 개발도상국 발전에도 에너지가 필요하다. 아시아 지역을 중심으로 금후 방대한 에너지원이 필요하다. 화석연료 에너지는 늘 전쟁·분쟁의 요인이었다. 일본의 에너지 자급률은 겨우 4%이며, 원자력(후쿠시마 원전 사고 이전)을 포함해도 11%이다. 그 이외에는 모두 화석연료이다. 화석연료를 주요 에너지원으로 사용하는 시대에 여전히 살고 있다. 전기에너지만을 생각하고 논의하는 것은 균형을를 무너뜨린 토론이다. 또한 문제를 이해하지 않았다거나 무의식적으로 피하는 것은 가장 위험하다. 노심용해 사고도 쓰나미도 발생할 가능성이 있음에도 불구하고 그것을 고려하지 않고 무의식중에 피하고 있었다. 에너지 문제도 그렇게 되지 않도록 주의를 기울여야 한다.

에너지 문제를 좋고 싫음이라는 정서적 문제로 생각하는 것은 위험하다. 에너지 문제를 다면적으로 정량적이며 과학적, 경제적, 전략적, 역사적, 지정학적(자원, 국토의 지리적 조건, 국방 등)으로 생각할 필요가 있다. 그 책임과 결과는 우리들과 장래 세대에게 닥쳐온다. 대학을 졸업해도 직업이 없는 세대는 일본에서도 이미 시작되고 있다.

후쿠시마 원전 사고의 교훈과 과제는 다수 있다. 원자력 안전 규제와 안전연구, 원자력 인재 육성 과제뿐만 아니라 풍문 문제, 일본의 '구조 장치' 문제 등에 대한 깊은 고찰, 대응책 창출과 실행이 요구되고 있다.

'잃어버린 20년'이라는 유행어가 생긴 이후 동일본대지진과 후쿠시마 원전 사고가 발생했다. 이는 일본의 새로운 출발점이 되었던 제2차 세계대전 패전에 해당되는 사건이라고 생각된다. 후쿠시마 원전 사고 원인을 탐구해 가면 '일본병'을 발생시킨 문제에 도달하게 된다. 정보 '공개' 문제도 그 이전에 공개되어야만 하는 행정 판단의 근거를 나타내는 전문적인 보고서가 작성되어 있지 않다는 문제가 존재한다. 행정 예산과 정원에 대한 '피드백' 장치가 필요하다. 이것은 개별 사업에서 '구분'과 '평가'가 아니라 전체적인 '성능'과 '역할'을 달성하고 있는지 아닌지에 대한 감시와 피드백 장치 그것이 담당해야 할 일인 것이다.

참고문헌

木村逸郎·田中知, 〈大学の原子力研究に係わる矢内原原則〉, 《日本原子力学会誌》 2008年 11月号, p.28.

제 3 장

공공철학 · 경제정책학 시점에서
—위기 관리의 합의 형성을 둘러싸고

—스즈무라 고타로鈴村興太郎

1. 정치주도형이 가진 위기 관리의 시금석

미야기宮城 현 앞바다 대지진에서 출발한 동일본대지진으로 위기 관리에 대응하는 일본의 정치기구가 가진 취약성이 백일하에 드러나게 되었다. 일본 국민의 복지 개선을 최우선 과제로 정치 주도 정책 추진을 투표자들에게 맹세했던 정권은 국민의 안전을 위협한 지진, 쓰나미 및 가혹한 원전 사고라는 복합적 긴급 사태에 직면하여 어찌할 바를 모르는 불신임을 노출했을 뿐만 아니라 피해자 구제와 국가 부흥을 위해 국민에게 일치단결을 호소하는 정치적 리더십 부재도 드러냈다.[1]

1 미야기 현 앞바다 지진이 발발한 날, 필자는 캐나다 공동연구자와의 논문 집필

또한 시시각각으로 변하는 사태의 추이에 관한 정보를 국민에게 제공하여 국민이 직면하는 위기의 실상에 대한 이해와 각오를 요청하기는커녕 황급하게 실시하는 정부의 정보 발표는, 정보를 은폐한다고 말해도 변호의 여지가 없을 만큼 단편적이고 부정합한 발표로 시종일관했다. 점점 밝혀지는 실태의 심각함과 정부 발표 간의 큰 차이는 그렇지 않아도 불안한 국민의 마음에, 정치 리더십을 통해 부흥 궤도를 펴는 정부의 의지와 능력에 대한 지워버릴 수 없는 불신감을 심어 주었다.[2]

을 위해 몬트리올 대학을 방문하고 있었다. 친구로부터 전화를 받고 대지진이 발생한 것을 안 필자는 아침 일찍부터 CNN뉴스를 통해 지진, 쓰나미 및 원전 사고 보도를 뚫어지게 쳐다보고 있었다. 일본 정부의 대응 쪽으로 보도가 바뀐 순간에 나의 눈앞에 나타난 영상은 일본정부의 수뇌들이 다림질을 한 컬러풀한 작업복을 세트로 입고 회의를 하고 있는 모습이었다. CNN은 연이어서 야당의 대응을 보도했지만 야당 당수를 비롯한 의원들도 다림질을 한 컬러풀한 작업복을 세트로 입고 등장한다는 점에서는 여당과 조금도 차이가 없었다. 양자 간의 차이는 여야당 작업복 색깔뿐이었다. 통일된 작업복을 입은 것 이외에 정부 수뇌들에게 긴급 조치에 관한 주도면밀한 행동 계획이 있다고는 생각되지 않았다. 캐나다의 친구들은 일본에 대한 애도와 동정을 필자에게 전함과 동시에 여야당이 색깔만 다르지 동일한 새 작업복을 입은 이상한 화면에서 느낀 위화감도 이구동성으로 필자에게 알렸다. 책임 있는 정치가라면 비상사태에 직면하여 단호한 결의를 표명함과 동시에 국민에게 단결된 행동을 요구하며 진지한 호소를 행해야 할 테지만 여야당을 불문하고 그와 같은 보도는 전혀 없었다. 귀국한 후에 필자가 들었던 간 나오토 수상의 국민에 대한 담화에서도 알 수 있듯이 정부가 위기 관리 시나리오를 갖고 있지 않았음을 깨닫고 필자는 확실히 두려운 생각을 맛보았다.

2 과혹 원전 사고(원전의 노심炉心이 현저하게 손상을 입어 방사성물질이 대량으로 방출되는 중대 사고를 가리킨다. 이번 후쿠시마 원전 사고는 노심용해 사고로서 과혹 사고라 호칭한다)에 관한 정부의 발표가, 근거도 없이 사고의 중대성을 과소평가하는 듯한 편견이 있었던 이유를 꼽자면 사태의 진정한 심각함을 공표하면 국민들의 공포를 야기할 수도 있다는 염려 때문이라고 해석되는 경향이 있다. 이 해설은 이번 대지진에서 냉정하게 질서를 지키면서 대응하고 국제사회로부터 경탄과

전형적인 일례는 후쿠시마 제1원전의 '노심용해爐心溶融/meltdown'에 관한 정보 제공이 혼미에 혼미를 거듭한 경위에서 찾아낼 수 있다. 사고 다음 날 기자회견에서 경제산업성 원자력안전보안원의 심의관이 노심용해 가능성에 대해 언급했는데, 그 심의관은 기자회견 담당 역할에서 제외되고 노심용해라는 표현은 원전 사고 1개월만에 봉인되었던 것이다.[3] 사고의 실태가 명료해짐에 따라 정부의 은폐로 인해 해결해야 하는 사고의 실상이 점점 괴리되고 있었음을 인식하기 시작한 국민에게, 정부의 정치 리더십에 대한 신뢰와 협력을 아무리 요구해도 신뢰와 협력의 토양을 스스로 액상화 시킨 정부를 계속해서 지지하는 국민 층은 넓지도 두텁지도 않다. 게다가 동일본대지진 및 후쿠시마 제1원전의 노심용해 사고에 대해 정부회의 의사록議事錄조차 존재하지 않는다는 사실까지 밝혀진 시점에서는 서투른 위기 관리의 사후 검증을 피하기 위해 의도적인 방해작업이 있었다는 비아냥거리는 견해조차 간단히 기각될 수 없는 상황이 생겨났다. 국민들이 진리를 꿰뚫고 있는 것이었다.

찬미를 받은 우리 국민에 대한 까닭 없는 모욕이고 정치적인 판단 미숙함의 상징이라고 말하지 않을 수 없다. 뜬소문에서 발단한 신용금고의 예금 인출 소동과 석유위기에 즈음하는 화장지 매입 소동 등 과거 일본에서 발생한 소동은 2011년에 영국에서 빈발한 소요 사건과 같은 폭동과 약탈과는 관계없는 문제였는데 공공적인 정보 제공이 정확하지도 신속하지도 않았기 때문에 유발된 사건이었음을 잊어서는 안 된다. 세계적으로도 유수한 높이에 있는 일본 국민의 성숙도를 신뢰하고 정확한 정보를 공개·공유함과 동시에 확실히 국난이라고도 말해야만 하는 사태에 협력하고 단호하게 싸울 각오를 의연하게 호소하는 것이야말로 위기에 직면하여 정치 지도자가 완수해야만 하는 기능이라고 말해야만 하는 것이 아닐까.

3 이 정보 봉인 경위에 관해서는 예를 들면 후쿠시마원전사고 독립검증위원회(2012, pp.123-126)를 참조해 주기 바란다.

2. 학술 커뮤니티가 직면한 시련

동일본대지진이라는 미증유의 대규모 복합 재해는 일본의 인문학, 사회과학, 자연과학 등의 학술커뮤니티에도 매우 중요한 과제를 안겨주었다. 이 시련에 직면하여 일본의 학술커뮤니티가 완수해 온 역할에도 많은 반성의 여지가 있었다. 인문학, 사회과학, 자연과학 각 분야의 연구자들은 각각의 학술관이나 인생관을 배경으로 이번 대지진을 계기로 스스로의 학술 영역이 가진 잠재 능력을 재점검함과 동시에 '인간 생활 개선 도구'로서 학술 분야가 공헌할 수 있는 방법을 찾아내야 한다는 것을 목표로 진지하게 대처하려 하고 있다. 이 작업을 의의 있는 궤도에 오르게 하는 전제조건은 동일본대지진이 보여 준 전통적인 학문의 문제점을 냉정하게 반성하고 정확한 선택적 분기점을 발견하는 것이다.

돌이켜 보면 일본과 같은 섬나라에서는 지진과 쓰나미가 연동되어 재해가 확대될 수 있는 가능성이 높았을 뿐만 아니라 '지진학'과 '쓰나미학' 연구를 연대하여 추진할 필요성이 있다는 것은 문외한의 눈에서조차 분명하게 보인다. 그럼에도 불구하고 양자 간의 학술적 연대가 전통적으로 희박했던 것은 충격적인 사실이 아닐 수 없다. 또한 지진학, 쓰나미학과 비교하여 '쓰나미 고고학'이라는 학술 분야—과학적인 정밀성과 학술 분야의 면적 넓이 양쪽 면에서—가 소외된 학문으로서 냉대받아 온 사실도 과혹한 진재震災의 역사적 경험에서 배울 기회를 뿌리친 하나의 원인이었다. 학술 분야에서 '학지 통합'에 실패한 사례로서, 후회하지 않으면 안 된다. 예를 들어 과학적으로는 조잡해도 역사적 경험에서 배우는 귀중한 정보원으로서 이 분야 연구자들의 의견에는 경보alarm 기능을 발휘할 가능성이 숨겨져[4] 있었기 때문이다.[5]

동일본대지진 때 원자력과학자와 방사선의학 분야 연구자 중에는 재해 사회학자가 말하는 '엘리트 패닉elite panic'에 빠진 사람들이 적지 않았다. 재해 분야 전문가인 지적엘리트 중에는 자신의 학문적 정통성을 뒤흔드는 사회질서의 혼란을 걱정하는 강박관념에 사로잡히거나, 노심용해 사고가 발생했을 때 시민이 혼란하다거나 재해를 호기로 사회적 약탈행위가 발생할 우려가 있는 것 등을 이유로 정당한 근거도 없이 재해 규모를 과소하게 전한다거나 사태의 진상에 관한 정보를 국민이 공유하는 것을 막는다거나 하는 등 과잉으로 반응하는 경향이 있었다. 정부 측에서도 재해 실상에 관한 정보 공개를 망설였던 이유와도 연동하여 이러한 정보의 은폐와 왜곡은 역으로 국민의 불안을 초래했고 과학자들의 정보 발신에 대한

---

4 동일본대지진을 계기로 지진연구에 대한 반성에 대해 언급한 논고로 시마자키 구니히코島崎邦彦 외, 〈지진 연구의 과제〉(요미우리신문, 2011년 12월 10일)를 참조하기 바란다. 지진학 연구와 관련해서는 후쿠시마원전사고 독립검증위원회(2012) 제7장 제2절도 참조하기 바란다.

5 실은 문부과학성의 지진조사연구 본부가 동일본대지진 직전에 지진 발생 확률 예측을 개정하는 작업을 진행하는 중이었다. 이 작업에서는 약 1,100년 전 조간貞觀 지진에 관한 신발견에 입각하여 쓰나미 고고학 분야 의견을 '장기 평가'에 포함시키려 했던 것이 그 후 분명해지고 있다. 이러한 기회를 방해한 요인을 분명히 밝혀내어 과학적 식견을 통해, 대지진을 대비하기 위한 논리에 활용하는 채널channel을 견고하게 만드는 일은 동일본대지진으로 목숨을 잃은 많은 사상자들의 생명에 대한 진혼을 위해서라도 현재 세대가 실천해야 할 의무이기도 하다. 이 점에 관해서는 《니혼게이자이신문日本經濟新聞》, 2012년 5월 24일자 사설 〈대쓰나미는 상정 밖이었을까大津波は想定外だったのか〉를 참조하기 바란다.

사회적 불신임이라는 깊은 상처를 껴안게 되었다.[6] 과학자에 대한 신임을 회복하는 과정은 앞으로 결코 평탄하지 않을 것이다.

후쿠시마 제1원전의 과혹 사고의 중장기적인 영향을 둘러싸고, ①확산된 저선량 방사능 리스크를 평가할 것, ②과혹 원전 사고의 발생에 입각하여 원자력발전, 화력발전, 재생가능에너지를 사회적으로 허용할 수 있는 에너지로 결말짓고, 안전하고 지속가능한 에너지 기반의 사회적 선택지를 제시할 것, ③원전의 과혹 사고와 같은 충격적인 재해에 대해 전문적인 의견에 입각하면서 기득권 권익에 구속되지 않는 과학적인 조언을 제공할 수 있는 기구를 설계하여 그 조직에 대한 사회적인 신임을 담보하여 고민할 것, ④장래 해구형海溝型 지진과 도시 직하형直下型 지진 발생에 대비하고 감재減災를 위한 제도 설계와 기술 개발에 과학적인 예지叡智를 결집시킬 것, ⑤동일본대지진 때 노정된 일본사회의 정치적·경제적·법학적인 취약성에서 최대한의 교훈을 배우고 과혹 재해의 발생에 대처하는 위기 관리 조직을 설계할 것, 그 조직에 대한 사회적 신임을 확립하기 위한 조건을 세심하게 정리할 것, 긴급성이 크고 기동적인 대응 조치가 불가결한 비상사태에 즈음하여 정확한 대응을 취하는 특별한 법적 권한을 고안하여 제도화시킬 것 등 과학자의 전문지식을 총동원해야만 하는 정책 과제가 산적해 있다. 그것만으로 과학자를 포함한 전문가에 대한 신임 회복으로 이끄는 방법을 구상하고 사회

---

6 엘리트 패닉elite panic에 관해서는 후쿠시마원전사고 독립검증위원회(2012), 기노시타木下(2012), Solnit(2009) 등을 참조하기 바란다. 기노시타가 지적하듯이 (p.14) 재해에 직면하여 패닉에 빠지는 사람들은 일반시민보다는 오히려 엘리트에게 많다고 논한다.

적으로 실제 장착하는 것은 사회과학자가 직시해야만 하는 과제 중에서도 매우 위급한 상황인 것이다.

대지진과 '원전 과혹 사고'에 대한 사회적 준비 자세에 관해서도 반성이 필요하다. 필자는 지진 직후 집필한 〈사상의 말思想の言葉〉이라는 에세이(鈴村, 2011, p.3)에 다음과 같이 적었다.

> 지진과 쓰나미의 메커니즘과 충격에 관해, 일본에서는 비참한 사례를 바탕에 두는 방대한 연구가 축적되어 있었고, 안전과 안심을 보장하는 사회적 준비는 그 성과에 입각하여 충분히 정리되어 있었다. 그렇지만 실제로 정비되어 있었던 방어 기구는 가혹한 시련 앞에서 붕괴되고 귀중한 생명을 잃는 결과를 초래하고 말았다. 이번 재해는, 재해 규모가 '상정 밖'으로 컸다는 표현이 관례적으로 나왔고, 바로 그 순간부터 면죄부라도 받은 것처럼 논의가 둔화되는 상황에 대해 필자는 초조했다. 쓰나미에 대비하기 위해 설치한 방파제와 방조제는 쓰나미를 100% 제지할 만큼의 높이와 강도를 가진 것이라고 처음부터 계획했던 설계상의 사상이었던 것이었을까. 그 대비는 방조제나 방파제 그것조차 파괴하는 '상정 밖'의 위협에 대해, 피난하는 귀중한 짧은 시간을 벌기 위해 마련된 것은 아닐까. 만일 그렇다고 한다면 자연재해에 대한 사회적 대비는 방벽 건설이라는 공학적인 조치뿐만 아니라 방벽이 버는 귀중한 짧은 시간에 발휘할 수 있는 경고와 피난이라는 사회적 시스템과 연동하는 복합적인 조치야말로 결정적으로 중요한 것이 된다. 이 점은 앞으로의 부흥을 위해 그려질 설계도에도 큰 차이가 생기는 것은 아닐까.

그 후의 논의에서는 적어도 세 개의 반성점이 부각되고 있다. 첫째로 국가가 원자력 중시의 에너지 정책을 추진하고 전력사회가 원전의 상업 운전에 종사하는 '국책 민영' 체제하에서는 원전의 안전성에 대해 낙관적인 인식을 당연시하는 '안전 신화'가 양성되는 것은 거의 불가피적인 추세였다.[7] 그렇다 하더라도 '원전 과혹 사고'를 상정한 '심층방호' 조치[8]를 실시한다는 선택은 원전 설계시점의 상정을 상회하는 '과혹 사고'가 발생할 가능성을 승인하기 시작하는 의미를 가질 뿐으로 '국책 민영' 체제하에서 구축된 '안전 신화'의 침투는 '심층방호' 조치의 추진을 결과적으로 방해하는 효과를 지녔다. 그러한 의미에서 일본의 원전 정책이 자승자박 상태에 있었던 것은 간과할 수 없는 사실이다.

둘째로 후쿠시마원전사고독립검증위원회의 보고서(2012) 제7장 제2절에서 지적하듯이 쓰나미에 대한 사회적 대비를 위해서는 쓰나미의 높이에 대한 상정을 정치화하는 것도 중요한데, 그것 이상으로 쓰나미의 '잔여 리스크'—상정된 쓰나미 높이를 상회하는 쓰나미가 엄습한 경우의 영향 — 에 대해 지진 그 자체에 대한 대책과 별도로 감재 조치를 강구할 필요성이 존재한다. 후쿠시마원전사고독립검증위원회야말로 '보고서' 자체에 열거된 쓰나미의 '잔여 리스크'에 대한 대처 조치는 "부지를 고층으로 설정하는 것과 높은 방조제 설치라는 '높이'에 대한 대책에 추가하여 건물과 중요 기구의

7 후쿠시마원전사고 독립검증위원회(2012) 제5장을 참조하기 바란다.
8 '원전 과혹 사고'에 대한 '심층방호'의 사고에 대해서는 후쿠시마원전사고 독립검증위원회(2012) 제6장 제4절을 참고하기 바란다.

수밀성水密性 향상 및 배전配電 기반의 다중화 등"을 열거하는 정도였다. 그렇지만 노심용해 원전 사고 이외의 쓰나미 피해 일반에 관해서도 쓰나미의 '잔여 리스크'에 대한 감재 조치를 설계 단계부터 의식적으로 상정해야 하는 것은 당연한 일이다.

셋째로 사회심리학, 리스크학의 전문연구자 기노시타 도미오木下富雄 교토대학 명예교수(국제고등연구소 펠로)에 의하면, "상정이라는 말은 여러 분야에서 옛날부터 사용되고 있는 전통적인 개념이고 그것은 '뭔가 어떤 계획을 책정한다거나 시설과 설비를 구축한다거나 기구를 제조할 때 그 설계 기준이 되는 경계 조건을 어떻게 설정할까'라는 장면에서 사용되어 왔다. 간단히 말하면 상정이란 '설계를 위한 목표치' 내지 '설계의 틀을 제공해 주기 위한 기준"(기노시타, 2012, p.11)인 것이다.

이러한 의미에서 '상정'은 "어디까지나 미래를 향한 측정치이고 필연적으로 불확실함을 포함한 개념이다. 성실한 설계자는 상정이 어긋나는 사태는 늘 일어날 수 있다고 생각한다. 문제는 '무엇을 어디까지 상정했는가, 상정이 어긋난 경우에 대비해서 어디까지 준비를 하고 있는가'라는 점에 있는 것이다"(위의 책, pp.11-12). '상정' 개념을 이렇게 정의한다면, '상정 밖'이라는 것으로 설계자에게 간단하게 면죄부를 줄 수는 없다. 오히려 반대로 '상정 밖'의 사태에 대해 준비를 하고 있지 않았다고 설계자는 그 고유 책무의 중요한 일부를 소홀히 하고 있음을 스스로 고백하고 있는 것이 된다. 여기서도 문제는 또다시 '잔여 리스크'의 감재 조치에 대한 준비로 귀착되는 셈이다.

동일본대지진 경험에 입각하여 과학계의 대응에 대해 마지막으로 한 가지 더 언급하지 않으면 안 되는 문제가 있다. 국내에서 관측사상 최대 매그니튜드 9를 기록한 이번 지진 충격은 도시직하와 해저를 동시에 변형하는 종래와는 다른 지각 변동이 각지에서 관측되고 있다. 그 결과 도시직하형 지진과 해구형 지진 발생 확률과 피해 상정에는 대폭적인 수정이 공표되고 있다.[9]

이 수정사항에 공통적인 특징은, 발생 확률이 기존에 제시된 기록 상정을 뛰어넘어 크게 웃돌았고 진도가 낮은 지진까지 포함해 진도는 최대로 상정되었다. 예를 들면 남해 트로프trough(주상해분舟狀海盆, 즉 해저에 있는 가늘고 긴 계곡을 말한다)의 거대지진에서 상정되는 쓰나미의 최대 높이는 고치 현高知縣에서 34.4미터가 되었고 쓰나미 도달 시간도 매우 짧게 상정되었다. 동일본대지진의 강렬한 교훈에 입각한 내각부內閣府의 검토회는 '생각할 수 있는 가능성을 모두 반영하여' 이러한 상정에 도달했다고 보도하고 있었는데 원래 지진 피해에 관한 상정이란 감재 조치의 '설계를 위한 목표치' 내지 '설계의 틀을 제공해 주기 위한 기준'이었던 것이다. 그렇다면 이 새로운 상정에 입각하여 지진 피해 조치를 고안·설계하는 입장에 있는 사람들은 사회에 어떠한 선택지를 제안할 준비가 있을까. 지진학과 쓰나미학에 문외한인 필자는 이만큼 극단적으로 비관적인 상정을 경험하면 너무 조심성 있게 '뜨거운 국에 데어 찬 회 요리를 후

9 수도직하형 지진 상정에 대한 수정 관련 보도는 《니혼케이자이신문》 2012년 4월 22일, 해구형의 남해 트로프 지진에 관한 상정 수정에 관한 보도는 《니혼케이자이신문》과 《요미우리 신문》 2012년 4월 1일자를 참고하기 바란다.

후 분다'(이전의 실패에 질려 지나치게 조심함을 이름)는 속담을 상기해 버리는데, 이러한 방면에 정통한 과학자들의 반응[10]은 어떠한 것이었을까.[11]

동일본대지진의 교훈을 통해 미래의 발생할 재해에 대한 새로운 예측에 대해 학술계는 어떤 통합된 예지叡智를 사회에 발신할 수 있을까.

부다페스트Budapest 선언에 의해 새롭게 도입된 '사회를 위한 과학'이라는 표어는 학술의 새로운 장래에 대한 그림을 그리고, 과학계에 강한 영향력을 발휘해 왔다. 이 선언을 공허한 축문으로 끝나게 하지 않기 위해, 인문학, 사회과학 및 자연과학의 연구자들이 이구동성으로 주장하는 학술적 '학지學知 통합' 뜻을 동상이몽으로 돌아가지 않게 하기 위해, 비참한 이번 대지진 경험에서 배우고 과

---

10 수도직하형 지진에 관해 이번 상정의 의미를 해설한 히라타 나오시平田直(2012)를 참조하기 바란다.

11 내각부 '남해 트로프의 거대지진 모델 검토회'의 좌장이며 도쿄대 명예교수 아베 가쓰유키阿部勝征에 의하면 "작년 지진이 일어나기까지 지진학자의 대부분은 일본 주변에서 매그니튜드 9 지진은 일어날 수 없다고 생각하고 있었다. 그것이 동북에서 발생해 지진학은 전면적인 재검토가 필요했다. 최신의 과학적 의견에 바탕을 두고 최대 지진 규모를 검토하고 지진 진도와 쓰나미를 산출한 것이 이번 상정"이다. 이 규모의 거대지진에 대해 "높은 건물과 빌딩에서 피난하는 수직 피난만으로는 인명을 지킬 수 없다"고 지적하는 아베 명예 교수는 "이를 어떻게 할지, 모두 지혜를 내주길 바란다"라고 할 뿐, 남해 트로프 거대지진 발생 시의 잔여 리스크에 대한 대책에 관해서는 구체적인 배려가 전혀 없는 것이 현실이다. 아베 명예교수의 견해에 대해서는 〈거대지진에 어떻게 대비할까—2단계 상정, 관민이 지혜〉(니혼케이자이신문, 2012년 5월 13일) 참조. 이 기사에서 시사하고 있듯이 관민官民의 지혜를 짠 '잔여 리스크'에 대한 감재 조치 설계와 실제 활용을 기다리지 않으면 안 되는데 그 취지에 대한 제안을 필자는 아직 들어본 적이 없다.

거의 비판적인 성찰을 통해 건설적인 연구 프로그램 설계로 선회하는 작업을 추진하는 일은 학술과 관련되어 있는 모든 사람들이 지금이야말로 공동으로 짊어져야만 하는 중요한 책무이다.

3. 인문학, 사회과학이 위기 관리 제도 설계에 공헌하는 방법은 무엇일까

학술과 사회와 관련하여 대지진 이전의 연구 활동을 되돌아보고 이를 앞으로의 연구 계획 설계에 활용할 필요성은 인문학·사회과학 분야에서도 매우 필요하다는 것은 말할 필요도 없다. 특히 땅에 떨어진 정치에 대한 불신, 과학에 대한 사회적 신뢰를 회복하기 위해서는 축적된 '전문지식'을 국민의 복지 개선 방법으로 유도하는 메커니즘을 정확하게 설계하고 주도면밀하게 실제 활용하는 것은 일본의 인문학·사회과학의 연구자가 분명히 대응해야만 하는 중요 과제이다. 또한 자연독점성 명목하에 발송전發送電을 일괄하고 오랫동안 법적 독점을 인정받아 온 일본의 전력 사업이었지만 '국책민영' 원전에 대한 믿음이 붕괴된 이번을 기회삼아 규제 방법에 대해 발본적인 개혁을 통해 새로운 에너지를 구상하는 것과 동시에 새로운 에너지 공급 구조를 창조할 필요가 있다.

본 절에서는 이 새로운 정책 과제에 대해 일본의 인문학과 사회학이 공헌할 수 있는 방법을 기술해 보기로 한다.

돌이켜보면 동일본대지진의 장기적인 영향으로 무엇보다도 도쿄전력 후쿠시마 제1원전 노심용해 사고가 압도적으로 심각하다.

그렇기 때문에 원자력산업을 규제하는 경제산업성과 규제를 받는 사업자 측, 원자력산업의 계속적 추진에 이해관계를 가진 일부 원자력과학의 연구자들이 '원자력 마을'이라고 일컫는 이익공유형 커뮤니티[12]를 형성했다. 원전의 '안전 신화'를 조성해 온 원천적 구조는 원전의 안전성에 책임을 지는 규제 기관과, 규제 관리하에 원자력 산업 추진을 맡는 정부 당국이 같은 성省 내에 공존하는 이상한 조직 형태를 허용한 점만을 보아도 중요 산업에서 공적 규제의 설계 방식이 적절성을 결여한 것은 부정할 수도 없는 사실임에 틀림없다.

또한 원전 사고 때문에 발전 비용이 높은 화력발전, 수력발전, 태양광발전, 풍력발전, 조력발전, 지열발전 등에 대한 의존도를 필연적으로 높이지 않으면 안 되게 되었고 원전 사고 처리 비용이 너무 증가했다는 두 가지 측면에서 '총괄원가總括原價 방식'이라는 현행의 전기요금 인가認可 제도—비용에 대해 일정의 보수율을 상승시켜 요금을 인가하는 제도—에 내포된 문제점이 갑자기 나타나게 되었다. 이전 방법이야말로 공공요금을 규제하는 제도로서 공익 상업이었고, 표준으로 활용된 방식이었는데, 공익 사업 대부분이 '자연 독점natural monopoly'이라는 조건 아래에 존재하여, 경쟁과는 동떨어져 있던 시대가 끝나면서 이제는 이러한 규제 방식이 과거의 유물이 되었다. 지금은 발전과 송배전 사업에 일괄적으로 지역 독점을 인정

12 원자력 마을에 관한 상세한 설명으로는 후쿠시마원전사고 독립검증위원회(2012)의 자료 제9장을 참조하기 바란다. 그 지적에 따르면 원자력 마을에는 '중앙의 원자력 마을'='원자력 행정·원자력 산업'과 '지방의 원자력 마을'='원전 및 관련 시설 입지 지역' 두 개가 있고 양쪽은 원전 추진 긍정이라는 점에서 '공명'하며 원전을 유지하는 체제를 만들었다고 전한다.

하고 있지만, 발전 사업과 송배전 사업을 분리한다면[13] 이 구조는 기본적으로 경쟁원리 도입을 허용하는 것이 된다. 게다가 잔존하는 자연 독점적인 사업 부분에 대해서도 사업자에게 효율화 유인誘因을 제공하지 않는 총괄원가 방식을 청산하고 '유인 규제incentive regulation'라는 규제 방식으로 이행하여 자연 독점적인 부분에 대한 기능 개선에 필요하다.[14] '원자력 마을'이라는 기존 인식이 용해되고 있는 현재야말로 일본의 전력 사업에 대한 규제 방법의 혁신적인 재설계에 경제학자가 공헌하는 절호의 기회이다.[15]

---

13 일본의 전력 공급 체제에서 규제 방식의 개혁 — 특히 발전 사업에는 복수의 사업자가 참여하여 경쟁적으로 종사하는 구조를 설계하고 '규모의 경제'가 여전히 지배하는 송배전 사업은 독점적으로 운영을 맡기는 '발송전의 분리' 방식 — 에 관해서는 핫타八田(2012)를 참조하기 바란다.

14 예전에는 자연 독점의 지배하에 있다고 생각되어 사업의 법적 독점 아래 공정 보수율 규제에 따라 요금인가를 받았던 전기통신 사업도 새로운 통신기술 활용에 따라 장거리통신 사업에 대해서는 자연 독점성을 극복한 것이 계기가 되어 1985년 텔레콤telecom 개혁에 따라 경쟁적인 산업 조직으로 변모했다. 이 역사적 경험을 우리들은 현재의 문맥論脈에서 상기해야 할 것이다. 전기통신 사업 규제 개혁 간결성에 대한 설명은 스즈무라鈴村(1996)를 참고하기 바란다.

15 경제산업성 '전력시스템개혁전문위원회'는 2012년 5월 18일 가정 전력을 포함하여 전력 소매를 전면적으로 자유화할 것, 총괄원가 방식도 철폐하여 전력 사업에 경쟁원리를 도입할 것, 전력회사의 발전 사업과 송배전 사업을 분리하는 것을 결정했다. 2012년 여름에 정리된 신에너지 기본 계획에 이 결정을 포함시켜 2012년 봄 전기사업법 개정안이 국회에 제출될 것으로 예정되어 있다. 이러한 결정에 이른 배경에는 가정용과 사업자용을 비교하여 전력을 구입할 수 있는 선택의 자유가 전무全無에 가까운 현상에 대한 강한 반발에서 유래한 것이다. 그렇기 때문에 이번 자유화 개정에 대한 사회적 지지는 강할 것이라고 본다. 기본적으로는 이번 위원회 결정을 환영할 만하지만 경산성經産省 시나리오대로 실현 궤도에 오를 수 있을지는 미지수다. 전기통신 사업 규모 개혁이 겪은 우여곡절과 대조해 보면 전면적인 낙관은 허용되지 않는다. 원전 노심용해 사고의 응용으로서 전기사업 개혁이 기민하게 실제로 활용될 것을 필자는 기원해 마지않는다.

또한 태양광, 풍력, 조력, 지열 등 재생가능 에너지에 대한 의존도를 높이고 장래 전력 공급 구조상 실행 가능한 선택지를 설계하여 제안하는 작업은 미래의 산업 구조와 국민 생활의 새로운 모습을 모색하는 중요한 일임에는 틀림이 없다. 당장 검토 대상으로 삼아야 하는 문제는, 주택용 태양광발전에 이미 도입하고 있는 매입 제도의 대상 범위를 확장하는 것인데, 이는 풍력과 생물자원 등까지 망라하는 구상이다. 2012년 7월 1일 개시를 예정하고 있는 '고정가격 매입 제도feed in tariff'[16]는 확장·적용되는 매입 제도의 대표적인 한 사례이기도 하다. 물론 어떠한 좋은 메커니즘이라도 새로운 제도가 도입된 초기에는 여러 가지 기능 부전이 발생하기도 한다. 예를 들면 2011년 국회 논의를 거쳐 결정된 매입가격 계산 방법은 앞 절에서 서술했듯이 폐지 궤도에 오르고 있는 '총괄원가 방식'의 가격 형성과 공통된 발상에 서 있다. 전력 사업에서, 경쟁원리 도입에 즈음하여 폐지가 제안되고 있는 가격 형성 방식이 재생가능 에너지에 대한 의존도를 높이는 수단으로, 구상 중의 고정가격 매입 제도 안에서 몰래 부활하는 낌새가 있으면 전기 사업 개혁 전체의 정합성 문제에 의심이 생겨나는 것은 어쩔 수 없는 일이다.

1970년대 이후 현저하게 발전한 '규제의 경제학'에는 규제의 기관 구조 선택, 요금 제도 설계와 재생에너지 매입 제도에 대한 모니터링과 대체對替 제도의 고안이라는 두 가지 측면에서 크게 공헌할 기회가 있다. 이 기회를 붙잡고 사회를 위한 과학으로서 규제 제도

16 '재생에너지 매입 제도'에 대한 과제의 포괄적인 해설로는 오하시大橋(2012)를 참조하기 바란다.

의 설계와 실제 활용 경제학이 적극적으로 공헌하기를 바란다.

사회과학자가 맞서 싸워야만 하는 또 하나의 도전은 후쿠시마 제1원전 사고를 계기로 앞으로 일본의 공공적 선택 기구가 대처해야 하는 사회적 선택의 문제와 관련되어 있다. 특히 원자력, 화력, 재생가능 에너지 등 전원마다 발전 비율을 짠 에너지의 사회적 선택은 금후의 공공적 선택 기구의 모습을 생각하는 중요한 시금석이 된다.

이번 원전 사고 이전에는 원전을 중심으로 하는 에너지 정책 선택은 규제관청(경산성)의 관료, 특정 학자 및 특정 사업자가 구성하는 '원자력마을' 멤버가 전문성이라는 이름 아래 공공적 선택을 대부분 전유하는 상황이었다. 그렇지만 후쿠시마 제1원전 사고 경험에 입각해 보면, 이익 집단의 구성원인 과학자들이 권익옹호적인 언동을 감시하는 눈이 엄격해지는 것은 당연한 이치이다. 그것과 동조하여 사회적인 합의 형성을 모색하는 정책 결정 과정을 요구하는 여론이 무시할 수 없이 고조를 보이는 것은 확실하다.

'신뢰'라는 진귀한 하나의 재산을 획득하기 위해서는 장기간에 걸친 언행일치라는 테스트를 거칠 수밖에 없지만 이 재산을 상실하는 데는 긴 시간을 필요로 하지 않는다. 그렇기 때문에 우리들은 금후 커다란 딜레마에 직면하게 될 것이다. 첫째로 공공적 '선'의 관점에서 올바른 사회적 선택을 실시하기 위해 열거된 선택지의 실행 가능성과 상대적인 이점merit에 관한 올바른 과학적·전문적인 정보에 입각하는 것이 필요 불가결하다. 다른 한편으로는 '원자력마을' 멤버들을 과학적·전문적인 정보 담당자로서 신용하는 문제에서는 후쿠시마 제1원전 사고 때에 사람들이 경험한 실망감이 너무나도 크고 그 후 분명해진 실제 문제의 차이는 전율할 만큼 엄청난 것이었다. 전문가에 대한 불신감을 양성하기에는 충분했다. 그렇기 때문에 개방된 사회적 선택기구 설계에 즈음해서는 멤버들에게 요구되는 전문성 내용과 구체적인 인선人選 쌍방에 걸쳐 많은 문제가 미해결인 채로 남아 있다.[17]

이들 문제의 연구에 정리해 두어야만 하는 몇 가지 중요한 시점이 있다. 첫째 시점은 일본의 정책 커뮤니티, 학술 커뮤니티, 휴먼 커뮤니티 각처에 노정된 '취약성vulnerability'의 발생원을 밝혀 내고 장래 일본의 '지속 가능성sustainability'을 담보하는 제도 설계에 비참한 이번 지진 경험을 활용하는 시점이다. '지금이야말로 이를 타개하는 지식의 힘을 모으는 것'이 인문학, 사회과학 분야 학술 활동의 표준적인 특징인 것처럼 과거의 경험을 장래 제도 설계에 적극적·사전적으로 연결한다는 발상은 상대적으로 역사가 아직 깊지 않은 것은 틀림없는 사실이다. 그렇지만 과학자가 이번 진재震災 경험을 정면에서 응시하여 그 교훈을 활용하려고 한다면 새로운 제도와 기구설계와 사회적 선택이라는 과제에 몰두하는 것은 필요 불가결한 작업이라고 해야 할 것이다.

두 번째로는 문제 분석을 시간적인 흐름과 연관된 선택에 따라 신축적인 문제로 설정하는 것에 대한 중요성이다. 충격적인 진재였

---

17 과학적인 정책 선택에 즈음한 선택지 기술과 선택에 책임을 지는 전문가에게 어떠한 자격 요건을 부과해야만 할까라는 문제를 둘러싸고 과학사회학 분야에서 논쟁이 있었다. 이에 관해 흥미가 있는 독자에게는 우선 콜린스Collins와 에반스Evans(2002), 콜린스(2011) 및 윈Wynne(1996)을 참조하기를 권하고 싶다.

기 때문에 구제의 손길을 원하는 피해자에 대한 정확한 구제 조치를 설계하여 실제로 적용하는 것이 우리들의 첫 번째 의무인 것은 당연하다. 우리들이 실천해야 하는 두 번째 의무는 긴급 구제 조치의 우선적인 실천을 위해 위기 관리 시스템의 정책 선택에서 공공적 의사결정의 과제가 이행될 때 긴급한 상황에서는 높은 우선도를 인정해 오지 않았던 중기적 과제 — 국민 각층의 처우 '형평성equity'을 회복하는 조치 — 와의 정합성을 배려하면서 정책을 설계하고 실제로 실천하는 일이다. 우리들이 실천해야만 하는 세 번째 의무는 인구 구성의 소자고령화少子高齢化라는 장기적 추세를 주안점으로 두고 현 세대와 장래 세대 간의 형평성을 꾀하는 지속가능한 정책의 설계 및 실제성에 사회과학의 '학지'를 풀가동하는 일이다.

4. 표착점漂着点 현상 평가

앞에서 인용한 〈사상의 언어思想の言葉〉이라는 에세이에서 나는 다음과 같은 감상도 적고 있다(스즈무라鈴村, 2011, p.3).

> 명백한 위기 상황에서는, 다수의 전문가들의 판단을 정합적으로 집약하는 것은 어렵지만, 해결이 필요한 문제와 해결해야 할 목표가 명확히 공유되기 때문에 총 책임자의 정확한 기능이 보장된다면 기본적으로 해결 가능하다. 전문가 집단의 과학지식이나 전문지식에 바탕을 둔 정보에 대한 일반 시민의 신임도 위기 상황이 명백하면 명백할수록 확보하기 쉬운 것처럼 생각된다. 그렇지만 절대

적인 우선도를 가진 목표가 협의되고 전문가 집단을 포섭하는 사회적 선택 기구가 순항궤도에 오르는 단계에서는 많은 잠재적인 위험이 현재화되어 갈 가능성이 있다. 전문가 집단의 과학지식과 전문지식을 받아들여 이를 구사해야만 하는 정치가는 차츰 개별적인 정치적 목표 추구로 발판을 옮겨 가고 사회적 선택 기구에 대한 목표의 일원성이 내부에서부터 침식되기 시작할 가능성이 있다. 또한 위기 때야말로 개별 이해를 배제하고 결집할 수 있는 전문가 집단도 사회적 선택 기구가 차츰 부흥 계획 제도 설계에 목표를 이동시켜 가는 것과 보조를 맞추게 되고, 각각의 전문 영역에 대한 개별 이해 추구로 기울어 갈 가능성은 부정할 수 없다. 사회적 선택 기구의 제도 설계에 관심을 가진 사회과학자는 이들 위험을 막을 수 있는 사회적 선택 기구를 진지하게 생각할 필요가 있다.

또한 순항궤도에 오른 사회적 선택 기구에는 사고 처리라는 긴급과제의 저편에 금후의 에너지 공급 기구를 전면적으로 재구성한다는 큰 과제가 새임무로 부상하게 된다. 이 단계에서는 전문가 집단의 과학지식과 전문지식을 뛰어넘고 '사회 경험에 바탕을 둔 전문지식' 담당자인 일반시민을 참가시켜 사회적 선택 기구 재설계가 필요하다. 이번 지진을 통해 일본의 사회적 선택 기구 작동 가능성과 지속 가능성sustainability은 많은 시련에 처해 있는데, 이 시련은 앞으로도 그 심각함이 증폭될 것으로 예상된다. 일본의 사회과학자와 과학·사회학자들은 이 시련에 직면하여 각자의 전문지식 분야에서 올바른 제언을 사회에 제공할 준비를 갖추고 있는 것일까.

이 인용문에서 필자가 지적한 잠재적인 위험성은 애석하게도 사태의 추이 과정에서 그 모두가 현재화되고 있다. 게다가 동일본대지진의 충격에 대한 필자의 최초 에세이에서는 언급하고 있지 않은 두 개의 문제가 한층 더 현안으로 떠올라 금후의 대응을 기다리고 있는 것이 현실이다.

첫 번째 추가적인 문제에 대해 와세다대학출판부의《'진재 후'에 생각한다'震災後'に考える》, 제8권 제1장(위기 대응을 위한 공공적 선택 과제)에서 긴급성이 높은 정책 목표에 우선도를 생각하는 사고방식과 관련해서 필자는 다음과 같이 지적했다.[18]

> 현재 시점에서 설계하고 선택하는 정책 패키지package는 여러 개별적 목표를 총체적으로 배려하는 방침이 아니라 긴급성이 높은 정책 목표에 우선도를 제공하는 방침을 명시적으로 채택해야만 한다. 필자의 개인적인 견해로는 동일본대지진의 피해자와 원전 사고로 인해 생활 기반을 잃은 사람들에 대한 구제 조치와 지진 이후 경제사회 재건 계획에는 최대한의 우선도가 인정되어야만 한다. 그 이유는 아주 단순하다. 스스로가 책임을 질 수 없는 돌발적인 재해로 인해 고통받는 국민 구제에 발 벗고 나서지 않는 국가에게는 민주주의 국가를 표방하는 자격이 본질적으로 결여되어 있다고 말하지 않을 수 없기 때문이다(스즈무라鈴村, 2011, p.10).

필자는 또한 침몰한 여객선에서의 인명 구조를 예를 들어 이 논점을 부연 설명했다.

18 이 논문에는 '차선次善의 경제 정책 구상과 실제 활용'이라는 부제목이 붙어 있다. 논문의 주장 내용을 변경해야 하는 이유를 현재에도 생각하고 있지 않지만 '차선'이라는 용어법에는 오해의 여지가 있다고 지금은 생각하고 있다. 앞으로는 '차선'이라는 표현을 바꿔 '개선'이라는 훨씬 고전적인 표현을 사용하고 싶다.

침몰한 여객선에서 바다에 빠진 승객을 구조할 때 마찬가지의 위험에 처해져 있는 승객을 형평에 맞게 처우하기 위해 모든 승객을 평등하게 구조할 수 있는 자세가 갖추어지기까지는 바다에 빠져 생명의 위험을 느끼고 있는 승객에게 구명보트를 주지 않는 방침을 명령하는 선장이 있다고 한다면, 승객의 생명 안전에 절대적인 우선도를 제공해야만 하는 선장으로서는 완전히 실격이라고 말할 수밖에 없다. 설령 구조된 사람들과 구조의 손이 닿지 않았던 사람들 사이에 사후적으로는 형평성이 결여되었다고 해도 스스로 위험을 무릅쓰고 구조작업을 맡은 사람들이 비난의 대상이 되어야만 하는 이유는 없다. 비난을 받아야만 하는 것은 충분한 숫자의 구명보트 장비를 소홀히 한 선박회사 측인 것이다. 마찬가지로 심각한 피해를 가져온 대진재에 직면하여 나중에 피해의 전모가 판명된 후 구원 조치와 물자 분배에 사후적인 형평성이 결여되어 있더라도 그 때문에 높은 긴급성을 가진 구조 조치 발동을 주저하고 구조가 가능한 사람들을 곤경에 방치하는 근거가 부여될 리가 없다. 또한 평상시 적용을 염두에 두고 만들어진 법률의 형식 평등적인 적용에 따라 피해지에서 긴급 조치의 손발을 묶는 조치가 취해졌다면 법제도가 국민의 복지 개선을 추구하는 수단으로서 도입된 것에 불과하다는 중요한 논점을 아직도 이해하고 있지 않다고 말할 수밖에 없다. 중·장기적으로는 사람들을 형평에 맞게 처우할 것을 주장하는 후생경제학자였어도 그들이 신봉하는 후생경제학에 뜨거운 피가 통하고 있는 한 긴급성이 높은 정책목표를 우선적으로 추구해야만 하는 것에 관해서는 광범위한 동의를 얻는다고 필자는 확신하고 있다(스즈무라, 2011, p.14).

'긴급성'을 가진 비상사태라는 것을 이유로, 형평성이나 법 앞의 평등을 유보하는 것을 인정하는 논의에 대해 자유존중주의적인 입장을 준수하는 경제학자나 법학자들로부터 강한 반론이 제기될 가능성이 있었다. 또한 구급 의료의 부상자 분류(triage)에 대해 또 하나의 반론이 제기될 여지가 있다.

그러나 병원으로 부상자를 운송할 수단조차 없었던 동일본대지진 현장에서 구급 우선 치료 원칙을 정확하게 적용할 수 있는 여유가 얼마나 있었을까. 뭐라 하든 병원에 우송된 피해자들에게 구급우선치료 원칙을 적용하는 것에 나는 전혀 이론異論은 없다. 그러나 필자가 염두에 두는 '긴급성'을 가진 비상사태 시에는 평상시와는 다른 우선성 원칙이 있다고 해도 이상할 것이 없다고 하는 생각을 불식시킬 수는 없다. 그렇기 때문에 평상시와 비상시를 명확하게 구분하여 '상정 밖'이라는 비상시에는 일시적이라 하더라도 평상시와는 다른 체제로 움직이는 신축적인 구상을 전개하는 정치학자 사사키 다케시佐々木毅 교수의 논리(사사키, 2012)는 필자의 생각과 같다고 생각한다(비상사태 시에는 권력기구에 특별한 재량권을 부여하는 구상에 대해서는, 비상사태가 독재 권력의 탄생 계기가 된 역사적 경험을 통해 신중한 자세를 취해야 한다는 것을 주장하는 법학자도 있다. 이 생각에는 물론 진리적인 측면이 있다. 여기서는 거대 규모의 자연재해를 단서로 한 긴급사태에 한정하여 신축적인 권한을 주는 체제가 제안되었다는 것에 주의를 환기하고자 하는 것이다).

그렇다고는 하지만, 법치주의 원칙과 긴급사태 시의 적극적인 대응 조치가 필연적으로 대립적인 관계에 있다고 생각할 이유는 실은 없는 것이 아닐까. 문제는 오히려 대지진의 교훈을 통해 '상정 밖'이라는 비상사태의 가능성을 염두에 두고 내각 부처에 비상사태 시에 대처하는 위기관리기구를 설치하고, 이 기구에 포괄적인 특별권한을 부여하는 체계를 정합적으로 법제화하려는 노력에 있는 것이 아닐까.

두 번째 추가적인 문제는 미묘한 논점에 관한 것이다. 동일본대지진의 중요한 교훈 중 하나는 정확한 과학 정보의 발 빠른 공개와 공유, 공공적인 선택 기구의 민주성과 공개성 확보, 정치적인 리더십과 전문적 지식, 과학적 지식 등의 담당자의 적확한 분업 관계나 상호신뢰 확립이 장래에 발생할지 모를 지진 리스크가 불가피한 일본에서 진로를 새롭게 개척해 갈 때 결정적으로 중요한 사항이라는 것이다.

'상정 밖'의 규모 지진과 쓰나미, 원전의 가혹한 사고에 의한 희생이 너무나도 컸기 때문에 대지진의 교훈을 적확하게 활용하여 진재 이후 일본의 지속적인 정치적, 경제적, 사회적 궤도를 확립하는 것은 우리들의 최소한도의 의무일 것이다. 이 의무를 다하는 발걸음은 늦기는 했지만, 착실하게 진행되고 있다고 생각할지도 모른다. 그렇지만 최근 《마이니치신문每日新聞》 보도를 살펴보면 '국책민영' 체제하에서 원전의 '안전 신화'를 조성한 '원자력' 시스템은 그리스신화의 머리 아홉 달린 물뱀 히드라Hydra를 생각나게 할 정도로 그 근절은 매우 어렵다고 한다(《마이니치신문》, 2012년 5월 25일 보도에 의하면, 사용이 완료된 핵연료를 다시 이용하는 핵연료 재생 정책의 재고를 추진 중에 내각부 원자력위원회는, 반대파와 신중파를 배제한 비밀회의를 20회 이상 개최하여 곤도 슌스케近藤駿助 원자력 위원장조차 2011년 12월 8일 비밀회의에 출석했다. 비밀회의 출석자에는 곤도 위원장 이외에도 부위원장과 위원, 경제산업성 자원에너지청 원자력국제협력추진 실장, 일본원료 상무, 고속증식로 '몬주 고속증식로'를 운용하는 일본원자력연구개발기구나 전기사업연합회 간부, 고속증식로 연구개발을 담당하는 문부과학성 직원들이 포함되어 있었다. 4월 24일 비밀회의에서는 작성, 작업 중인 보고서의 원안이 배포되고 사업자들은 자회사에 유리한 방향으로 그것을 수정할 것을 요구했다고 전했다. 이 비밀회의에 관한 보도 내용을 곤도 위원장은 부정하고 있지 않다. 원자력 마을이라는 괴물이 되살아나고 있다고 말하지 않을 수 없는 것이 현실이다).

그래서 단순하게 표면적인 조직과 기구 개혁만으로 실효성 있는 제도와 정책이 형성되었다고 생각하는 것은 너무나 공허한 희망사항Wishful thinking일 뿐이다. 새로운 위기 관리 제도로서 실효성이 있는 합의 형성을 모색하는 학술 커뮤니티 측의 작업은 이제 겨우 그 단초를 벗어난 것이라는 냉정한 판단을 통해 대지진의 교훈에서 배우는 자세를 지속해서 가져야 할 것이다.

참고문헌

Clarke, L. and C. Chess, “Elites and Panic”, Social Forces, Vol.87, No.2, 2008, pp.993-1014.

Collins, H. and R. Evans, “The Third Wave of Science Studies: Studies of Expertise and Experience”, Social studies of Science, Vol.32, 2002. pp.235-296(和田恵, 〈科学論の第三の波—その展開とポリティクス〉, 《思想》, 第1046号, 2011年 6月, pp.27-63).

福島原発事故独立検証委員会, 《調査·検証報告書》, 株式会社ディスカブァー·トエンティワン, 2012年.

八田達夫, 〈電力·カス市場における短期と長期の改革〉, 《RIETI Highlight》, 第38号(2012年冬), pp.10-14.

平田直, 〈首都圏大震災なぜ‘4年以内に70%’, か〉, 《文芸春秋》, 2012年 3月号, pp.176-183.

Hopkins, A., “Thinking About Process safety Indicators”, safety Science, Vol.47, 2009, pp.460-465.

Janis, L. L., Victims of Groupthink: A Psychological Study of Foreign Policy Decisions and Fiascoes, Houghton Muffin, 1972.

池田三郎, 〈‘想定外’, は‘リスク分析’, の枠外か?—極低頻度·巨大複合災害へのリスク分析の展開に向けて〉, 《日本リスク研究学会誌》, 第21巻(2011年), pp.1-5.

井上典之, 〈巨大地震と法制—防災計画の実効性を高めよ〉, “経済教室”, 《日本経済新聞》, 2012年 5月 22日.

入倉孝次郎, 〈東北地方太平洋沖地震を踏まえた原子力発電所の耐震·対津波指針〉, 日本学術会議, 《学術の動向》, 第17巻(2012年 3月), pp.36-40.

木下冨雄, 〈リスク学から見た想定問題〉, 日本学術会議, 《学術の動向》, 第17巻(2012年 3月), pp.11-17.

大橋弘, 〈再生エネ買い取り制度の課題—価格設定, ‘費用対効果’, 基に〉, ‘経済教室’, 《日本経済新聞》, 2012年 4月17日.

Putnam, H., The Collapse of the Fact/Value Dichotomy and Other Essays, Cambridge, Mass,: Harvard University Press, 2002(藤田晋吾·中村正利訳, 《事実/価値二文法の崩壊》, 法政大学出版局, 2006年).

斎藤誠, 《原発危機の経済学—社会科学者として考えたこと》, 日本評論社, 2011年.

佐々木毅, 〈巨大地震と法制—緊急時権限, 内閣に委任を〉, 経済教室, 《日本経済新聞》, 2011年 5月 22日.

Sen, A. K., On Ethics and Economics, Oxford: Basil Blackwell, 1987.

Sen, A. K., The Iden of Justice, London: Allen Lane, 2009(池本幸生訳, 《正義のアイデ

ア》, 明石書店, 2011年.

Solnit, R., A Paradise Built in Hell: The Extraordinary Communities That Arise in Disaster, Viking Adult, 2009(高月園子訳, 《災害ユートピアー — なぜそのとき特別な共同体が立ち上がるのか》, 亜紀書房, 2010年).

鈴村興太郎, 〈情報通信の制度改革と産業政策〉, 《ビジネス·レヴュー》, 第44巻, 第1号, 1996年 4月, pp.21-34.

鈴村興太郎, 〈災害に対する社会の備えとはなにか〉, 《思想》, 第1046号, 2011年 6月号, pp.2-5.

鈴村興太郎, 〈危機対応のための公共的選択の課題ー次善の経済政策の構想と実装〉, 鈴村他(2012), pp.1-16.

鈴村興太郎 · 須賀晃一 · 河野勝 · 金慧, 《復興政策をめぐる'正'と'善'》, 早稲田大学ブックレットー震災復興の政治経済学を求めて①, 早稲田大学出版部, 2012年.

Wynne, B., "Misunderstood Misunderstandings: Social Identities and Public Uptake of Science", in Irwin, A. and B. Wynne, eds., Misunderstanding Science? The Public Reconstruction of Science and Technology, Cambridge, UK: Cambridege University Press, 1996(立石裕治訳, 〈誤解された誤解ー社会的アイデンティティと公衆の科学理解〉, 《思想》, 第1046号, 2011年 6月, pp.64-103).

제 4 장

방재공학 · 토목공학 시점에서

—내진 쓰나미학 확립과 방재사회 재구축

—하마다 마사노리濱田政則

들어가면서

동일본대지진으로 방재 분야 과학기술은 국민들의 신뢰를 상실했다. 지진과 쓰나미의 예지 능력 실패, 원자력발전소 과실 사고, 쓰나미 방조제의 붕괴 등으로 대표되는 방재사회 기반시설의 불충분성, 액상화에 의한 주택 피해, 더 나아가서는 기업 집단이 집중적으로 입지해 있던 공업 지역kombinat의 화재와 원전 폭발 발생 등이 과학기술에 대한 불신감을 증폭시켰다. '안전사회 창생'을 믿는 과학기술은 신뢰도가 가장 중요하다. 그런데 그것이 이번 재해로 너무도 쉽게 붕괴되어 버렸다. 과학기술뿐만 아니라 전혀 진척되지 않는 부흥 정책을 보면서 정치나 행정에 대한 상실감이 사람들에게 퍼지고 있다. 원전 사고 종식과 현존하는 원전의 재가동 문제를 포함한 일본의 에너지 정책 방향성에 대해 명확한 방향성을 제시 못하는 상황이 계속되고 있다.

한편 지진 탐지 분야 연구자들은 동일본대지진에서 탐지 실패에 대한 충분한 반성과 총괄도 없이 수도직하 지진이나 남해 트로프trough의 초거대 지진 발생 위험성을 주장하고 매스컴은 이를 선동하는 보도를 통해 국민들의 불안감을 조성하고 있다.

피해지의 부흥이나 장래의 자연재해에 대한 대책에 관해 일본은 말 그대로 혼미 상태에 빠졌다. 이러한 상황에서 탈피하기 위해 방재 분야의 과학기술 연구를 위한 조직이나 체제의 재구축이 필요하다. 이 글에서는 대학에 적을 두고 있는 연구자의 한 사람으로서 무엇을 할 수 있는지, 무엇을 해야 하는지를 생각해 보고 싶다.

1. 지진, 쓰나미 탐지 실패와 그 후의 혼미 상황

동일본대지진에 의한 피해의 근원은 일본의 지진 탐지와 쓰나미 탐지 능력의 실패에 있다. 내각부 중앙방재회의에서 지진 발생의 위험성이 높은 곳으로 〈그림 1〉에서 보여 주듯이, 남해 플레이트 주변 동해 지진, 동남해 지진 및 남해 지진, 됴쿄부 북구을 진원지로 하는 지진, 그리고 미야기 현宮城県 지진을 상정하고 있었다. 이 중에서 미야기 현 연안 지역 지진에서 예측한 매그니튜드는 7.5였고, 진원 지역도 오시카 반도로 매우 한정적이었다. 그러나 실제로 발생한 지진은 매그니큐드 9.0으로 지진 에너지도 180배에 달했다. 진원 지역도 이와테 현岩手県에서 이바라기 현茨城県에 걸쳐 남북으로 약 600킬로미터, 동서로 약 200킬로미터로 아주 광활한 범위로 퍼져 나갔다.

문부과학성 지진조사위원회는 중앙방재회의에서 지적한 미야기 현 연안의 지진과 함께 일본 해구 쪽의 지역에 매그니튜드 7.7의 지진도 함께 예측했다. 지진조사위원회는 이 두 개의 지진이 연동해서 발생할 수도 있다는 것을 상정하고, 이럴 경우 매그니튜드는 8.0이라고 보았는데, 그렇다고 하더라도 실제로 발생한 지진의 32분의 1이라는 것이 된다.

필자는 지진 탐지 예보 분야 연구자나 관계자를 일방적으로 비

그림 1. 동일본대지진 이전에 발생이 예측된 지진

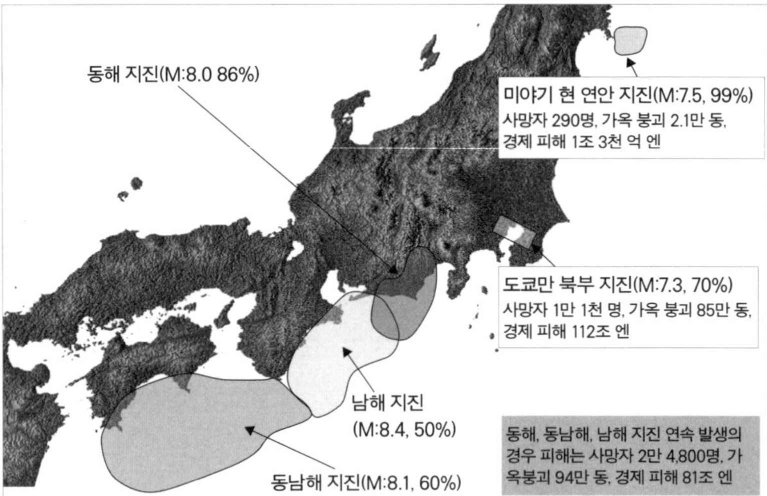

( )는 진도와 금후 30년 사이에 지진이 발생할 확률

출처: 내각부, 중앙방재회의

난하고 있는 것은 아니다. 토목공학 연구자 입장에서 자연재해를 경시해 오던 입장에서 그 탐지 예측 실패에 동일한 책임을 지지 않으면 안 된다고 생각한다.

필자는 2004년 인도양에서 발생한 쓰나미 사건 이후 약 1개월 후 수마트라 섬 북부의 반다아체Banda Aceh 시市를 방문했다. 인구 4분의 1, 약 7만 명이 쓰나미로 목숨을 잃은 비참한 참상을 직접 보았다. 그 참상을 현장에서 직접 본 필자가 생각한 것은 '이러한 대형 쓰나미가 일본에서 발생한다면 어떻게 될까', '매그니튜드 9.0을 넘는 초대형 지진은 설마 일본에서 발생하지 않겠지'라는 것이었다.

그러나 수마트라 서해안의 플레이트 구조와 일본의 태평양 연안의 플레이트 구조는 아주 닮아 있다. 오히려 일본 쪽이 복수의 플레이트가 복잡하게 교차하고 있으며, 좀더 불안정하게 보인다. 이러한 것을 생각하면, 일본에서 매그니튜드 9.0 규모의 지진이 발생하지 않을 것이라고 생각하는 것은 과학적 근거가 없는 단순한 편견이었던 것이라고 말하지 않을 수 없다.

다년에 걸쳐 지진방재학 분야 조사 연구를 담당해 온 사람의 한 사람으로서 그 책임을 피하지 못할 것 같다.

왜 지진 예측과 쓰나미 예측에 관해 이렇게까지 큰 실수를 했을까. 일본의 지진 예측의 체제나 조직 및 조사연구 방식에 대해 총점검이 필요하다고 생각한다. 이것이 장래 지진과 쓰나미에 대한 일본의 방재 전략을 구축하는 것의 첫걸음이라고 생각한다.

그렇지만 동일본대지진 이후의 지진과 쓰나미의 예측은 아직 혼미한 상태이다. 지진 후 중앙방재회의에서는 이전에 상정했던 쓰나미에 '최대급 쓰나미'를 고려해야 할 것이라고 발표했지만, 이 최대급 쓰나미라는 표현 해석에 대해서 혼란이 생겼다. 그리고 최대급 쓰나미를 일어날 수 있는 최대 지진과 쓰나미라며 2012년 3월 31일에 제출된 것이 정부검토회에서 나온 남해 플레이트 연안의 초거대 지진 모델이 되었다. 이에 의하면 남해 플레이트 연안이 종래부터 동해, 동남해, 남해 지진의 세 지진에 〈그림 2〉에서 보여 주듯이 휴가나타日向灘 지진, 나아가서는 남해 플레이트의 해역에도 진원을 상정하게 되었다. 다섯 개의 지진이 연동해서 발생할 수도 있다는 상정인데, 지진 예측 분야로서는 이것 이상은 상상할 수 없다는 말 그대로 상정할 수 있는 '최대급'을 보여 주는 것이다.

이 지진으로 동해에서 규슈에 걸친 지역은 높은 쓰나미에 피해를 볼 우려가 있다. 고치 현에서는 최대 34미터라는 숫자도 보인다.

그림 2. 남해 플레이트 거대지진 모델 검토회에 의한 새로운 진원 지역

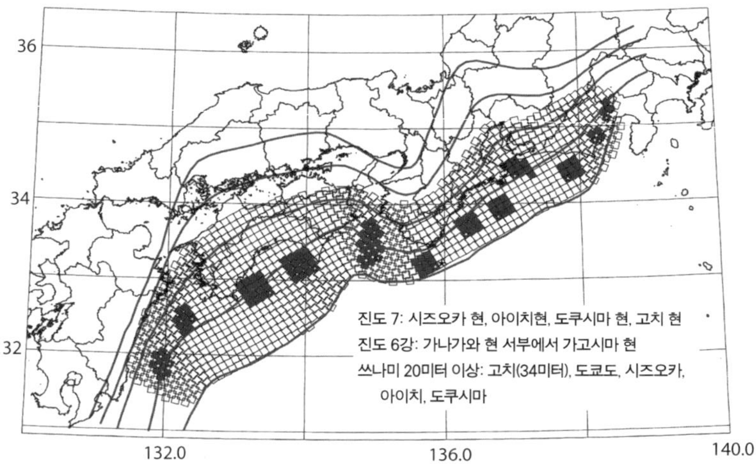

출처: 남해 플레이트 거대지진검토회(제15회)의 배포자료(2012년 3월 31일)

말하자면 동일본대지진 실패에 지쳐서 이 초거대 지진을 지적해 둠으로써 장래에 일어날 수 있는 지진에 대한 알리바이를 만들어 둔 듯한 자세가 필자에게는 느껴진다.

정부검토회에서는 이 초거대 지진 발생 확률에 대해서는 아무런 언급이 없는데, 아마도 수만 년에 한 번 있을까 말까 할 정도로 낮은 확률이기는 한 것 같다. 우리들은 '나라 만들기', '도시 만들기'를 위해 자연환경에 대해 일정한 선을 긋고 있었다. 건축물이나 토목 구조물도 일정한 압력을 상정하여 그것에 견딜 수 있도록 설계하고 건설해 왔다. 물론 이러한 일정 수치를 넘었을 경우 재해의 피해 정도를 줄일 수 있을까, 특히 인명 손실을 어떻게 하면 최소한으로 막을 수 있을까를 항상 염두에 두었다. 구조물이나 시설 설계와 건설에 활용해 온 것들은 일어날 수 있는 '최대급'만은 아니었다. 지구 규모로 일어날 수 있는 최대급 지진, 예를 들면 극단적인 예가 될지 모르지만, 운석 충돌 등을 상정한다면 아마도 '나라 만들기'는 불가능할 것이다. 중앙방재회의가 최대급 모델로 상정한 것, 특히 '급'의 의미를 정의하지 않고 방침을 정한 것은 혼란이 생긴 최대 원인이라고 생각한다.

한편 문부과학성은 도쿄만 북부 지진에 의한 관동 지역권 진도 예상을 2012년 3월 30일에 발표했다. 이 발표에 의하면 이전에 개최된 중앙방재회의에서 예측된 숫자와 다른 진도 7.0 지역이 넓은 지역에 퍼져 있다. 수도 직하형으로 필리핀과 북미 플레이트 경계면이 최근 중형 및 소형지진 관측 결과 10킬로미터 정도 얕아졌다는 견해에 의한 것이다. 그러나 문부과학성 역할을 일탈한 것이라고 말하지 않을 수 없다. 문부과학성은 교육과 연구를 담당하는 기관이다. 연구 성과로서 플레이트 경계면이 얇아졌다는 것에 관해서 과학적 신뢰성을 충분하게 확인하고 연구자들 사이의 합의를 얻고 나서 그 결과를 중앙방재회의에 제공하여 중앙방재회의가 방재 대책을 위한 진도 분포를 결정하는 것이 규칙이다. 이처럼 국가 자체 기관에서도 그 역할 분담에 대해 혼란을 겪고 있는 것이 엿보인다.

이 글 서두에서 동일본대지진의 지진과 쓰나미 예측 실패에 대한 총괄이 없다고 말했다. 국민들에게 충분한 실패에 대한 설명이 없이 새롭게 제시된 지진 예측을 국민들 대부분은 의심의 눈으로 보고 있다. 지진학 분야 연구자들 중에는, 자신은 동일본대지진 규모의 지진을 발생 전에 이미 경고했다거나, 국가가 채용한 지진 예측 방법이 실수였다고 주장하는 자도 있는데, 지진 예측 분야 전체적 입장에서 총괄하거나 그 설명이 요구되고 있는 것을 강하게 인식하지 않으면 안 된다고 본다.

일본은 지진 예측에 매년 약 100억 엔을 사용했으며, 더 많은 해에는 약 400억 엔의 국비를 투입했다. 물론 세금이다. 지진 예측에 실패한 명확한 이유와 1-2일이나 수 주週, 혹은 수개월이라는 짧은 기간 전의 지진 예측이 과학적으로 불가능하다는 것을 국민들에게 선언할 필요가 있다. 그러한 예측 연구에 거액의 국비를 사용하기보다는 다른 방재 대책 연구에 국비를 투입할 필요가 있다고 본다.

국가와 지방자치단체 사이에도 역할에 혼란이 엿보인다. 정부는 2011년 12월 6일에 '쓰나미 방재 지역 만들기에 관한 법률'을 국회에서 성립시켰다. 11장 103조로 이루어진 이 법률의 골자는 도도부

현都道府県 지사가 지역의 방재 계획 책정을 위한 쓰나미의 높이를 결정(제8조)한다는 것이다. 다시 말해서 종래의 건축 구조물이나 토목 구조물의 내진설계에 사용하던 지진의 강도는 국가가 주도하여 전국적 규모로 결정해 왔는데, 쓰나미의 높이에 대해서는 각 도도부현이 결정한다는 것이다. 이 때문에 현재 각 도도부현에서 상정하고 있는 쓰나미의 높이에도 혼란스러움이 엿보인다. 예를 들면 도쿄도에서는 안세이安政형 관동 지진을 상정하여 도쿄만 연안에서 최대 쓰나미의 높이를 약 3미터로 상정하고 있는 것에 비해, 가나가와 현神奈川県에서는 게이초慶長형 지진을 상정하고, 가와자키 시川崎市에서도 높이 약 5미터의 쓰나미를 상정하고 있다. 다마가와多摩川를 사이에 두고 두 지역에서 쓰나미 높이가 서로 다르다는 기묘한 사태를 낳고 있다. 이는 악법이라고 말하지 않을 수 없다. 미래에 발생할지 모르는 해역 지진에 의한 쓰나미의 높이를 결정하는 데 있어 국토교통성이나 경제산업성 등 성청成聽의 위상이 추락한 것이 원인으로, 잘못된 지방분권이라고 비판을 받아도 할 말이 없을 것이다.

2. '내진 쓰나미학' 구축과 '내진 쓰나미' 대책의 추진

'내진 쓰나미학'이라는 용어는 오래전부터 사용하고 있었다. 지진 흔들림에 대한 구조물이나 사회기반시설을 안전하게 설계하고 시공하기 위한 학문 분야이다. 이에 대해 필자는 새롭게 '내진 쓰나미학의 구축과 내진 쓰나미 대책 추진'을 제창하고 싶다.

지금까지의 쓰나미학에서는 쓰나미의 발생 메커니즘이나 쓰나미의 전파, 해안선에서의 해면 상승량과 도달 시간 예측 등이 주요 목표였다. 이에 비해 '내진 쓰나미학'은 쓰나미에 대응할 수 있는 건물이나 사회기반시설의 건설, 인명 손실을 가능한 한 막을 수 있는 도시 만들기에 대해 조사 연구하는 분야이다.

필자가 이러한 생각을 하게 된 계기는 이번 동일본대지진 및 2004년 수마트라섬 지진에 의한 인도양 쓰나미의 건물과 교량 등의 피해 조사를 통해서이다. 〈그림 3-1〉은 리쿠젠陸前 다카다 시高田市의 해안선 근처에 건설된 5층건물로서 철근콘크리트 집합주택이다. 쓰나미는 5층까지 도달했고, 건물 전체를 통과했는데, 쓰나미 이후 필자가 조사한 바로는 건물 및 콘크리트 기초 갱에는 아무런 구조적 피해가 없었다. 〈그림 3-2〉는 수마트라 섬 반다아체 시 해안선에 건설된 모스크이다. 쓰나미는 1층 예배당을 통과했다고 한다. 이 모스크에도 구조적 피해는 보고되지 않았다. 〈그림 3-3〉은 가마이시 시釜石市의 해안선에 건설된 철근콘크리트로 도로용 고가高架다리이다. 가교 위에까지 쓰나미가 도달했다고 하는데, 콘크리트 다리는 전혀 손상을 입지 않았다. 마찬가지 사례가 반다아체 시의 콘크리트 다리에서도 발견된다. 이와 같은 사례는 쓰나미에 대해 충분히 견딜 수 있는 구조물을 건설할 수 있다는 것이 가능하다는 것을 보여 준다. 이를 통해 '내진 쓰나미학 구축과 내진쓰나미 대책의 추진'에 관해서 아래 사항을 제창하고 싶다.

그림 3. 쓰나미에 구조적으로 견딘 철근콘크리트 건물과 교량

1. 5층 RC건물(리쿠젠 다카다)

2. 모스크(2004년 수마트라 지진, 쓰나미)

3. 가마이시 콘크리트 가교 도로 다리

(1) 지진학적 시점에서 세계의 쓰나미 이력을 조사

동일본대지진의 쓰나미 예측 실패 요인 중 하나가, 문서에 남긴 기술만 중시해 온 것을 들 수 있다. 천 년 전부터 수천 년 전의 반복되는 쓰나미에 대해서 쓰나미 퇴적물 조사를 일본뿐만 아니라 세계적으로 실시할 필요가 있다.

(2) 쓰나미에 대항할 수 있는 사회기반시설과 건축물 건설

앞서 논한 것처럼 동일본대지진에서는 많은 건축물이나 토목 구조물이 쓰나미를 견뎌 냈다. 쓰나미 외력을 적절하게 상정하여 쓰나미에 견딜 수 있는 건물, 교량, 방조제를 건설해야 한다.

(3) 쓰나미에 강한 도시 만들기

육지로 올라온 쓰나미의 움직임을 시뮬레이션을 통해 추정하고, 이에 근거하여 거주 지역을 선택하거나 도시의 도로 설계 및 긴급 피난용 구릉지대 조성, 피난 건물의 건설 등을 통해 쓰나미를 이겨 낼 수 있는 도시 만들기를 추진한다.

(4) 쓰나미에 강한 라이프라인 시스템 건설과 조기 복구

동일본대지진에서는 하수도 시설을 비롯해 많은 라이프라인 시스템이 쓰나미에 의해 커다란 피해를 입었다. 쓰나미에 의한 파괴, 표류물들의 충돌이나 침수에 대한 기능 유지와 조기 복구를 실천하는 대책마련이 필요하다.

(5) 광역에 걸친 피해 실태 조기 파악을 위한 정보 수집과 전달 체제

동일본대지진과 같은 광역 피해에서는 피해 정보 수집이나 전달 체제 정비가 인명 구조나 긴급 대응 및 응급 복구에 매우 중요하다. 이를 위한 수단이나 체제를 재구축할 필요가 있다.

(6) 방재 교육의 충실성과 방재 훈련의 점검 및 정비

동일본대지진에서는 어린이들의 방재 교육이 아동들과 학생들의 목숨을 구했다. 가마이시 시나 게센누마 시에서의 아동이나 학생들의 사망률은 총 인구에 대한 사망률의 10분의 1 이하였다. 방재 교육이 인명 구조에 큰 효과가 있었던 예인데, 이들 방재 교육의 효과를 검증하여 방재 교육이나 방재 훈련 방식을 검토할 필요가 있다.

3. 세계적인 자연재해 다발과 피해 경감 대처 방법

〈그림 4〉는 약 60년 전에 1천 명 이상의 사망자나 행방불명자를 낳은 지진과 쓰나미 피해 발생 횟수를 5년마다 합계를 낸 것이다(2011년 동일본대지진은 포함되어 않았다).

이를 보면 1986년 이후에 4세기 동안 재해 발생 건수가 급증하고 있음을 알 수 있다. 또한 지진과 쓰나미 피해가 아시아 지역에서 집중적으로 발생하고 있다는 것이다.

〈그림 5〉는 1946년 이후의 진도 7.0 이상의 지진 및 1976년 이후의 매그니튜드 6.0 이상의 지진 발생 건수를 나타낸 것이다. 1976년 이후에 매그니튜드 6.0에서 7.0 지진 발생 횟수의 정확한 통계는 없

그림 4. 세계의 지진, 쓰나미 피해 발생 건수(5년씩 합계)

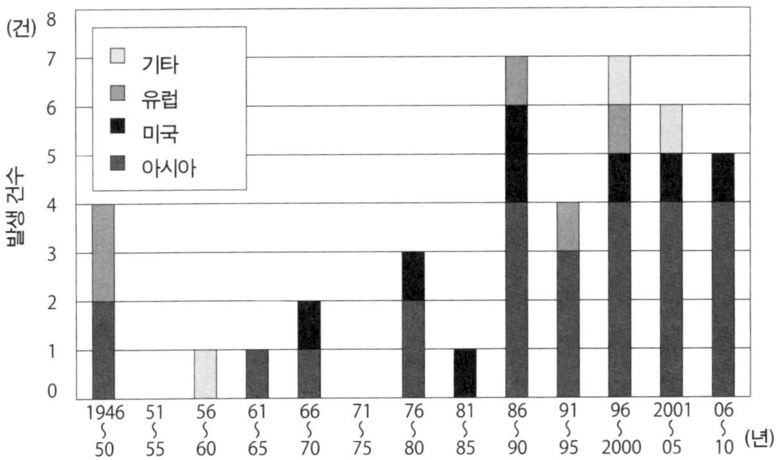

사망자, 행방불명자 1천 명 이상(1946-2010년). 출처: 2011년도 방재백서 데이터를 기초로 작성

다. 매그니튜드 6.0 이상의 지진 발생 횟수에는 1990년 이후 증가하고 있지만, 매그니튜드 7.0 이상의 지진 발생 횟수는 1990년 이후 증가하고 있기는 하지만 약 60년간 감소했다.

세계적인 규모에서 지진 발생 횟수를 보면 〈그림 4〉에서보는 것처럼 사망자나 행방불명자가 급증하는 경향에 비례하는 것은 보이지 않는다. 이것은 자연 현상인 지진이나 쓰나미의 수동적 위치에 있는 인간사회가 재해에 대해 약하다는 것을 의미하는 것이라고 생각한다.

인간사회가 재해에 취약한 원인으로는 도시의 과밀화에 의한 피해 취약 지역 거주나 도시권의 과밀화와 지방의 과소화, 고령화 등 피해 약자의 증대, 핵가족화에 의한 피해 경험 전승 부족 등을 들

그림 5. 매그니튜드 6.0 및 7.0 이상의 지진 발생 건수(5년씩 합계)

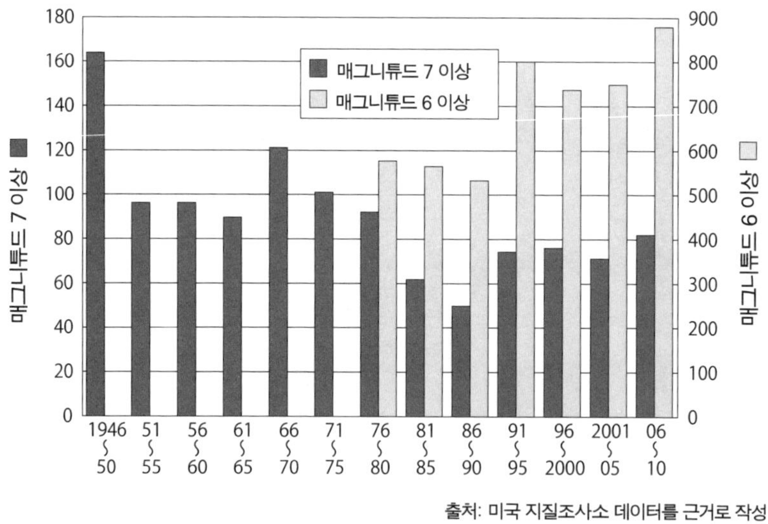

출처: 미국 지질조사소 데이터를 근거로 작성

수 있다. 또한 국가와 지방자치단체의 재정 압박에 의한 방재 대책의 지연, 방재 기반시설의 열악화 등의 문제도 내포하고 있다.

아시아 지역에서의 재해 증대는 심각하다. 그 최대 원인은 빈곤이다. 빈곤하기 때문에 패해가 취약한 지역과 주택에 어쩔 수 없이 거주하게 되는 것이다. 이것이 피해 확대를 초래하는 것이며, 더욱더 빈곤의 강도가 심해진다. 말 그대로 빈곤과 재해의 나선형spiral이 생성되는 것이다.

일본은 아시아 지역의 자연재해 경감에 지금까지 많은 공헌을 해 왔다. 방재 시설 건설과 공급, 연수생이나 유학생 교육 등 여러 방면에서 그 나름대로 아시아 지역의 자연재해 경감에 도움을 주어 왔다고 생각한다. 그러나 이번에 동일본대지진을 경험하면서 방재 분야의 국제 협력 자세에 교만함이 있었던 것은 아니었는가라고 생각한다.

방재 선진국으로서의 기술이나 자금 공급, 방재 지식의 제공 등 너무도 일방적이고 단편적인 지원이 아니었나라고 반성하고 있다. 동일본대지진을 경험한 지금은, 자연재해 경감을 위한 국제 협력은 상대국의 국가적 상황에 깊은 이해와 상호 호혜주의 정신에 근거한 것이 아니면 안 된다고 생각한다.

서두에서 말한 것처럼 예측에 대한 신뢰도는 제쳐 두더라도 수도직하 지진 발생이 발생할 수 있다는 사실이다. 동일본대지진 이후 수도직하 지진 발생 확률이 높아졌다고 하는 연구그룹이 발언을 했고, 이 확률은 계산이 잘못되었다는 보도도 있었다. 수도직하 지진에 관해서는 확률론으로 논하고 있을 때가 아니라고 본다.

10년 혹은 20년으로 기간을 한정한다면, 수도직하 지진은 거의 확정적으로 발생할 것이다. 수도직하 지진이 발생할 경우 도쿄 연안쪽 해안부는 공장 밀집 지역이며 해안가 지반 침수 지역, 목조건물 밀집 지역으로 신주쿠新宿 부도심으로 대표되는 고층빌딩 거리로 위험성이 큰 지역이다.

수도직하 지진을 비롯해 장래 발생할지도 모르는 거대지진을 준비하기 위해서는 분야를 횡단한 대처 방법이 불가결하다고 말하지 않을 수 없다.

〈그림 6〉에서 보여 주듯이 이공학부, 인문사회과학, 정보과학, 더 나아가서는 의료 분야를 포함한 분야들의 연계가 필요하다. 공학

그림 6. 횡단적, 학제적 방재 연구 추진(지진 피해 경감에 관한 학술, 기술 분야)

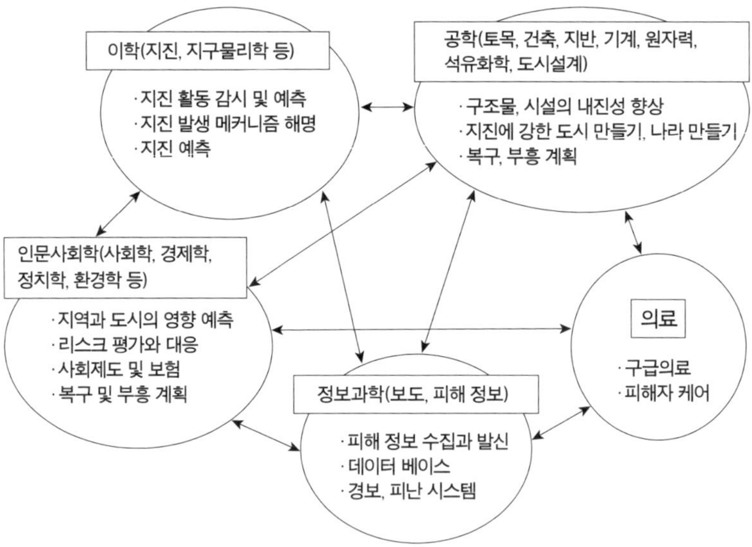

분야에서는 종래의 토목이나 건축 분야에 원자력공학과 석유화학 분야의 참가도 중요하다. 인문사회과학 분야에서는 재해가 인간과 사회에 미치는 영향을 분석하고 리스크 경감을 위한 사회 시스템의 양상에 대해 대처 방법을 강구해야 한다. 또한 고도로 발전한 정보 기술을 바탕으로 재해 정보 수집과 발신은 정보과학 분야가 담당해야 할 역할이다.

중앙방재회의 견적으로는 도쿄만 북부 지진이 발생할 경우 부상자는 20만 명을 넘을 것이라고 한다. 대량의 피난민과 부상자 구조나 의료를 어떻게 할 것인지를 고민해야 한다. 이는 지역사회에 내던져진 과제들이며 대학에서도 재해 시에 학생들과 교직원의 안전을 확보함과 동시에 지역사회의 인명 구조 활동에 어떻게 공헌할 것인지를 탐구해야 한다.

나오면서

필자는 거의 1년간 피해지 복구와 부흥을 위해 와세다대학이 무엇을 할 수 있을까, 또는 무엇을 해야 하는가를 생각해 왔다. 개개인의 교원이나 연구그룹이 피해 지역으로 들어가 직접 조사를 실시하기도 했는데, 그 결과는 장래 자연재해 경감에 활용될 것이라고 생각한다. 그러나 현시점에서 대학에게 요구되는 것은 피해 지역의 부흥과 재생에 대해 대학으로서 구체적으로 어떠한 공헌을 할 수 있는가라는 것이 중요하다고 본다. 단순하게 피해지 조사를 실시하고 보고서를 적는 것만이 우리들 대학 근무자들의 역할은 아니라고 생각한다.

필자가 재직하는 와세다대학은 잘 알다시피 종합대학이다. 자연재해를 경감하기 위해 이공학뿐만 아니라 사회학, 경제학, 법학 등 인문, 사회과학 분야, 나아가서는 의료 분야의 연대에 의한 종합적 대처방안을 횡단적으로 짜는 것이 가능한 것은 와세다대학과 같은 종합대학이기 때문에 가능하다고 본다. 지금이야말로 피해지를 위해 와세다 대학을 비롯한 종합대학은 각 분야의 지혜를 결집하여 가진 능력을 발휘해야 할 것이다.

마지막으로 동일본대지진 이후의 피해 지역 부흥에 관해 와세다대학 졸업생들의 활동 예를 소개해 두기로 하자.

이공학부의 토목공학과 졸업생이 중심이 되어 운영하고 있는 '국경 없는 기술단'이라는 NPO법인이 있다. 이 NPO가 현재 2명의 와세다대 졸업생 토목기술자를 오후나토 시大船渡市에 파견하고 있다. 모두 건설회사에서 중역을 맡은 경험을 하고 퇴직한 시니어 엔지니어이다. 이 도시의 부흥 계획 책정이나 실제 공사시공을 위해 시청 직원들을 서로 돕는 역할을 담당하고 있다. NPO로서는 금후 더 많은 기술자 파견을 생각하고 있으며, 기간도 9개월 정도로 예상하고 있다. 파견된 기술자가 이 도시의 부흥과 재생에 조금이라도 공헌할 수 있으면 좋겠다고 바라고 있다. 토목기술자로서 오후나토 시의 직원이나 주민들과의 교류를 심화시키고 피해 지역의 지역사회와 사람들이 지금 무엇을 필요로 하고 있는지를 기술자로서 정확하게 파악하고 그것을 그 이후의 NPO 활동의 근거로 삼고 있다고 생각한다. 도쿄의시선으로 부흥이나 재생 계획을 세우거나 피해 지역 실정을 파악하지 못한 채 실시하는 제언을 반복해서는 이 혼미한 상태는 빠져나갈 수 없을 것이다.

와세다대학 오쿠마회관(2012.6.8)

하마다 마사노리

우라노 마사키

가마타 가오루

스즈무라 고타로

오카 요시아키

제2부
'미래'를 위한 연구자와 대학의 역할

제 1 장

문제제기

네 명 교수의 제언을 어떻게 받아들여야나

—가마타 가오루鎌田薫

네 분 선생님들의 진지한 논고를 읽고 많은 것을 배울 수 있었다. 와세다대학 운영의 중책을 맡은 담당자로서 이러한 성실한 연구자들과 함께 있다는 것에 자긍심을 느끼고, 각각의 선생님들이 학술적 방면이나 과학적 지식에 강한 신뢰를 갖고 있다는 것과 당사자들의 학문에 대한 진지한 자세를 느낄 수 있었다. 그리고 현재 과학자나 그들의 커뮤니케이션의 방법론에 대해 또한 전문지식을 활용한 정책이나 제도를 설계할 사회 여러 조직들의 혼미함 즉 일본사회 시스템의 취약성에 대해 강한 위구심을 품게 된 것을 마음속 깊게 느끼게 되었다.

각각의 선생님들의 논고는 각각의 전문성에 입각한 구체적인 분석이며, 테마도 실로 다채로웠다. 그렇지만 이 학문 분야 사이에 공통된 시점과 문제의식을 볼 수 있었다.

1. 과학의 실패와 전문가에 대한 불신

동일본대지진과 원자력발전소 사고는 많은 사람들의 인명과 재산을 앗아갔고, 사람들의 평온한 일상을 빼앗았다는 것을 잊어서는 안 된다. 그렇지만 일본사회의 여러 방면에 조직이나 그것을 지탱하는 전문적 지식에 대한 깊은 불신을 가져왔다. 다시 말하면 일본의 학술과 사회 시스템의 취약성이 갑작스러운 대재해로 인해 드러나게 되었고, 자각할 수 있게 되었다.

특히 대학에서 근무하는 우리들로서는 간과할 수 없는 것이 이 대재해가 발생하는 것을 예측할 수 없었던 것 자체만으로도, 또한 재해 발생 이후의 대응 과정에서도 많은 분야 전문가들 혹은 전문지식에 대한 신뢰가 크게 흔들렸다. 네 분 선생님들이 각각의 전문분야에 관련된 문제를 진지하고 심각하게 받아들이고 기술한 것처럼 과학자 개인 개인과 과학자 커뮤니티(사회, 연구기관, 대학 등)는 심각한 반성과 함께 그에 대한 대응을 고민해야 한다.

집필자들은 지진이나 쓰나미의 예측에 관한 오류(하마다), 원자력 사고 방지 대책에 관한 오류(오카), 재해 리스크 가시화 분석의 부재(우라노), 학술적 연대나 과학기술과 사회적 시스템의 연대 결여(스즈무라) 등을 보여 주었고, 모두 현재 세대와 장래 세대 전체에게 매우 중대한 문제임을 각인시켜 주었다.

물론 이러한 오류나 불충분함은 이들 영역뿐만이 아니다. 필자 자신의 전문 분야인 법 분야에서도 이러한 거대 재해에 대한 위기 대응이나 복구, 부흥을 지탱할 만한 제도가 충분히 기능하는 시스템을 구축하고 있지 못하고 있는 것도 분명하다.

다시 말해서 자연과학인가 사회과학인가 인문과학인가에 상관없이 모든 학문 분야의 연구자들은 각자 전문 분야의 연구 성과를 어떻게 하면 가장 적절하게 사회에 짜 넣을 수 있을까에 대해서도 자각적으로 검토하고 실천해 갈 것을 요구받고 있다.

그 구체적인 방법을 모색하는 가운데 귀중한 시좌를 제공하는 체험으로서 이번 지진 이후의 상황을 활용할 필요가 있을 것이다.

단, 이러한 반성이 필요하기도 하지만 한편으로는 자신감 상실에 빠져서는 안 된다는 것도 중요하다. 원자력 재해 직후 잠시 동안에 나타난 '상정 밖' 사태에 '엘리트 패닉 상태'에 빠진 무책임한 언동이나 침묵에 빠진 과학자들의 실패(스즈키) 등이 매스컴에서 과대하게 보도되고 일반화됨으로써 불필요한 불신 증폭이 나타난 것도 사실이다. 전문가가 스스로의 입각점을 확인하고, 명쾌한 시점을 제시하여 토론에 임하고 제언을 통해 신뢰를 구축하기 위해 노력하는 것은 긴급한 과제이다.

각각의 선생님들은 내진 쓰나미학 구축을 결의(하마다), 원자력 규제에서 과학자들의 참여(오카), 새로운 리스크 문화 이미지 제시(우라노), 제도 및 정책 선택에 대한 시간축 도입(스즈무라) 등의 매우 구체적인 실천적 제언을 실시하고 있어 이러한 불신 증폭에 솔선하여 대치하려 하고 있다.

와세다대학 입장에서는 이미 실시 중에 있는 부흥 지원 연구 거점 프로그램을 통해 위에서 언급한 제 과제들에 대해 한 사람 한 사람의 연구자들이 자발적으로 참여하여 발전시켜 가야 할 것이며, 적극적으로 지원해 갈 것이라고 생각하고 있다. 이후의 토론 시간에서 각각의 선생님들의 제언을 부탁드리고자 한다.

2. 사회 시스템 취약성 문제

과학이나 과학자에 대한 사람들의 불신은 과학의 실패와 한계, 분석이나 이론의 불충분함뿐만 아니라 그것을 초래한 원인을 추적하지 않는 과학자 커뮤니티와 과학적 지식을 적절하게 제도 설계나 운영에 반영하지 못한 것에 대한 사회제도에도 기인한다. 필자는 개인적으로 이 과학자 커뮤니티나 사회 시스템의 취약성 쪽이 더 중요한 문제라고 생각하고 있다. 과학자와 그것을 둘러싼 커뮤니티의 집단적 성격은 항상 지적받는 문제로, 하마다 교수는 지진 예측 실패에 대한 총괄이 이루어지지 않은 채 새로운 예측 정보를 내보내는 무책임성을 지적하고 있다. 한편 과학자에게 정보를 제대로 주지 않고 전문가를 장식용으로 활용하는 정치, 행정, 조직 체계의 문제점도 피해 이후에 밝혀졌다.

오카 교수는 원자력 안전규칙에 관해 미국과 독일의 예를 제시하며 일본의 후진성을 보여 주고 있는데, 스즈키 교수의 '개방된 사회 선택 기구' 멤버의 자격과 인선 방법에 대한 엄격한 인식을 병행하여 갖가지 국면에 대해 외국 여러 나라의 예를 진심으로 배울 필요가 있을 것이다. 또한 우라노 교수는 상정하의 대책을 강구한 이후에는 구체적인 대책을 실행할 필요가 있다는 점에 눈을 감고, 혹은 눈을 회피하여 안전 신화의 허구를 만들어 가는 리스크 문화는 과학자나 전문가 사이에서도 나타난 것은 아닐까라고 옷깃을 여미고 있다.

이들 문제에 대해 네 분 선생님들은 '공동체 구조'를 해체하기 위한 한 사람 한 사람의 과학자가 어떻게 행동해야 하는가, 그 역할을 의식한 미래 희망적 제언을 실천하고 있다.

스즈키 교수는 인문사회과학이 새로운 제도나 기구에 대해 '사전' 설계를 실천하는 것은 필연적이라고 역설하고 우라노 교수는 재해가 반복되는 것을 전제로 장기적인 시야에서 본 '회복=복원력' 패러다임의 형성에 과학자가 적극적으로 참여할 것을 주창하고 있다. 오카 교수는 구체적인 에너지 정책의 방법을 세계적인 시점에서 냉정하게 보여 주며, 동시에 원자력 시설 관리의 개선점을 아주 명쾌하게 보여 주어 과학자의 행동을 스스로가 보여 주었다. 하마다 교수는 방재 대책에 대한 상세한 메뉴를 열거하고, 그것에 모든 분야의 횡단적인 대처 방법이 필요하다고 역설하고 있다. 일본의 사회조직에 기생하는 '공동체적 구조'를 타파하기 위해 전문가가 공헌할 수 있는 것은, 이러한 구체적인 전문지식의 제공일 것이다. 이러한 점들에 대해서는 더 검토할 필요가 있을 것이다.

3. 종합적 연구기구인 대학의 역할

그렇지만 일본의 과학자나 전문가는 물론 수수방관하고 있었던 것은 아니다. 많은 전문가들이 부흥을 위해 개인적으로도 헌신하는 것은 물론이고, 학회나 일본학술회의를 비롯해 많은 과학자 커뮤니티도 적극적으로 정책을 제시하는 등 일정하게 관여를 표명하고 있으며 행동하고 있다. 대학도 마찬가지이다. 와세다대학도 일찍부터 부흥 지원실을 설치하고 부흥 지원을 위한 연구 거점을 조직하여 전 학부에 연구를 지원하고, 그 성과를 사회에 환원하는 방식을 마련해 왔다. 이 저서 시리즈도 그 일환 중 하나이다.

이 책의 기획 의도는 일본사회의 취약성을 해석하여 복원력을 획득하기 위해 스스로의 연구 방법이나 과제 설정을 새롭게 힐문하는 연구자들을 향해, 또는 지역에서 혹은 기업에서, 행정조직에서, 정치기구에서 문자 그대로 악전고투하며 지속적으로 활동하는 사람들에 대해 문제의 소재와 그 해결에 필요한 시점을 보여 주기 위한 것이다.

이때 와세다대학에 재직하는 사람들이 이 방안에 참가했을 때의 이점이라고 한다면, 시점 제시가 종합대학이라는 인적, 학문적 집적을 활용하는 것으로 상호 비판, 상호 자극을 통해 학문적 심화를 기대하는 점에 있다고 생각한다. 자연과학이나 사회과학, 인문과학이라는 영역별로 세분화된 분야에서 각각의 전문성을 철저하게 파고들면서 연구할 필요도 있지만, 그것에 그치지 않고 다른 학문 분야가 발신하는 견해와의 충돌이나 융합 과정을 경험하는 것으로 그 연구 성과를 발전시켜 그것을 사회에 정착시켜 가지 않으면 안 될 것이다. 이것이 지진 재해를 통해 얻은 교훈의 하나이다. 종합대학은 이것을 일상적으로 실천하는 환경을 갖추고 있으니 그것을 최대한 활용하지 않으면 안 된다. 부흥 지원 연구 거점이 학부나 연구과의 벽을 넘어 학제적으로 대응하는 것은 이러한 생각에 근거한 것이다.

그렇다고는 하지만 현재 이루어지고 있는 학내의 연구 활동이 종합적 연구기관으로서의 와세다대학의 잠재력을 충분하게 활용해 왔는가, 개개인의 연구자가 내발적인 동기를 성과로 연결시켜 가는 시스템을 대학이 적절하게 제공해 왔었는가라는 점에 대해서는 다시 한번 엄숙하게 물어볼 필요가 있을 것이다.

금후에도 사회와 연구 방식에 대한 올바른 방향을 잘 내다보고 솔직한 자기분석과 개혁을 수행할 필요가 있을 것이다. 이 책을 포함한 이 시리즈는 이러한 요청에 답하기 위한 하나의 시도이다. 지진과 원전 사고 이후에는 갖가지 정보가 넘쳐나면서 어떤 것이 신뢰할 만한 정보인가, 이들 정보가 가진 의미가 무엇인가, 매우 불분명한 상태가 계속되었고, 전문가에 의한 적절한 정보 제공을 필요로 했다. 한편으로 위기 대응을 둘러싼 보도에서는 안전한지 위험한지, 정확한 것인지 틀린 것인지, 선인지 악인지라는 이원론적인 자세가 눈에 띄었는데, 과학은 본질적으로 이러한 이원론적인 발상에 익숙치 않은 성질을 갖고 있다. 이것이 전문가 불신으로 연결된 측면도 있다고 생각한다.

와세다대학으로서는 인터넷 등을 통해 국내외에 정확한 정보를 제공하려고 시도했었는데, 충분하게 성과를 달성했다고는 말할 수 없는 부분이 있다. 그러한 상황 속에서 과학의 본질적인 성질을 견지하면서도 많은 학문 분야와 융합을 통해 현시점에서의 최신적 최고의 학문 수준에 근거한 정보를 누구에게나 알기 쉬운 형태로 사회에 전달하여 사회로부터 의문이나 비판을 받아들임으로써 더욱 더 연구에 매진하여 심화시켜, 사회 속에 그것들을 정착시켜 갈 것을 목표로 이 시리즈를 간행했던 것이다.

대학의 연구 지원 방법이나 전문가에 의한 정보 발신의 방법, 특히 리스크 커뮤니케이션의 양상에 대해서는 네 분 선생님들의 더 많은 제언을 기대하고 있다.

4. 차세대를 짊어질 인재 육성

대학은 종합적인 연구기관이면서 동시에 교육의 장이기도 하다. 대학에서의 연구자는 교육을 통해 전문적인 연구 성과를 학생들에게 계승시켜 감과 동시에 교육을 통해 끊임없는 전문지식의 명확성과 유용성을 검증해 가는 자라고 말해도 좋을 것이다.

와세다대학에서는 매우 많은 학생들이 피해지 지원 활동, 세미나 혹은 동아리 각각의 입장에서 진지하게 동일본대지진과 마주했다. 그 성과의 일부는 이 시리즈에 수록되었다.

학생들은 그 활동을 통해 자원봉사와 지역사회의 협동과 분업 방식에 대해 깊게 사고하고 지역 경제 재생 아이디어를 피해자들과 함께 생각하며, 환경오염 대책을 현장에서 생각했다. 그리고 피해 정보 대처 방법을 지면과 취재 현장과 연결하여 사고하고, 어린이들의 학습 지원을 통해 교육의 실천을 알게 되었다. 이번 지진을 통해 사회 현실을 직시하고 전문지식의 의의나 유용성을 검증하는 기회를 확대시켰다. 이러한 귀중한 기회를 통해 학생들에게 무엇을 생각하게 하고, 무엇을 배웠으면 하는가 교육기관으로서 대학은 좀더 자각적으로 이러한 점을 검토할 필요가 있을 것이다.

더 나아가 부흥 리스크 관리 현장을 담당하는 고도의 전문적인 인재를 육성한다는 관점에서 대학원 수준의 교육 방식도 다시 생각해 보아야 할 것이다. 네 분 선생님들은 규제 업무를 포함해 원전 관련 인재에 관련하여 박사과정 수료 후에 더욱더 훈련을 받는 기간을 포함한 육성 시스템을 구상하고 제안했다. 높은 수준의 전문적 지식이나 판단력을 갖춘 인재를 양성하는 것은 자연과학 분야만이 아니라 공공 정책이나 법학 부분, 교육, 복지, 의료 부문을 포함한 폭넓은 분야에서 강하게 요구되고 있다고 생각한다.

새로운 시대를 지탱해 갈 우수한 인재를 육성하기 위해, 더 나아가 국민 전체의 과학기술 능력을 향상시키기 위해 대학은 어떠한 내용과 시스템을 가진 프로그램을 전개해 갈 필요가 있을까 구체적인 유의점에 대해 선생님들의 의견을 기대한다.

5. 사회와 세계에 개방된 대학

또 한 가지 잊어서는 안 되는 것이 지진 후 진전되고 있는 대학과 사회의 연계, 국경을 넘은 연대의 중요성이다. 대학은 그 연구 성과를 사회에 발신하고, 복지 향상에 공헌하는 것을 사명으로 하고 있다. 특히 위기 대응 분야에서는 직접적으로 사회적 역할을 묻게 된다.

대학이 오카 교수가 말하는 인재 육성의 중핵이라는 것이나, 스즈무라 교수가 말하는 공공 선택의 의사결정에 대학이나 연구자(학술 커뮤니티)가 관여하는 것, 축소사회에서 행복 추구 시나리오 작성(우라노)에 커뮤니티 수준에서 지속적으로 협력하는 것, 하마다 교수가 소개한 실무 경험을 거친 졸업생이 그 전문지식을 지속적으로 제공하는 방법을 만드는 것에 대학이 협력하는 것 등은 적극적으로 그 실현 가능성을 추구해 가야 할 것이라고 본다.

이러한 협력 관계를 국제적으로도 넓혀 갈 필요성은, 오카 교수가 지적한 것처럼, 중대 사고를 준비하는 외국의 조직이나 경험, 정보가 일본의 조직 속에 활용되지 못한 점을 상기하는 것만으로도 충분하다. 와세다대학은 연구와 교육 두 방면에서 국제적인 교류가 가장 발전된 대학 중 하나이다. 재해에 강한 사회, 위기적 상황에서 복원하는 복원력, 회복력이 빠른 사회를 실현시키기 위해 이후 대학이 어떠한 연계 관계를 구축해 가지 않으면 안 되는지라는 점에 대해서 토론을 통해 심화시켜 가고 싶다.

제 2 장

라운드 테이블

재해에 강한 사회—과학과 대학의 역할

— 사회자 : 가마다 가오루鎌田薫
— 토론 : 스즈무라 고타로鈴村興太郎
우라노 마사기浦野正樹
하마다 마사노리濱田政則
오카 요시아키岡芳明

다섯 개의 논점 **가마타 가오루**: 바쁘신 가운데 네 분 선생님들께는 깊은 전문적 학식에 바탕을 두면서 보편성을 가진 원고를 집필해 주셨는데, 깊게 감사를 드리는 바입니다. 선생님들의 원고를 읽고 제2부의 서문에서 적은 것처럼 이하 다섯 가지를 오늘 좌담회 어젠다로 책정하였습니다.

①과학의 실패와 사람들의 전문가에 대한 불신, ②일본 사회 시스템의 취약성, ③종합적 연구기구로서의 대학의 역할, ④연구와 교육의 통합(전문적 현장을 담당하는 인재 육성), ⑤일본사회와 세계적으로 개방된 대학의 조건입니다.

선생님들의 의향을 정확하게 반영하고 있는지 혹시 중요한 시점이 누락된 것은 아닌지 걱정이 됩니다. 그래서 의견을 교환해 가면서 전체적인 논의의 흐름을 만들어 가고 싶습니다. 또한 전체적으로 '대학은 이제부터 무엇을 해 가면 좋을까'라는 문제에 너무 접근하는 것 같습니다만, 이것도 이야기의 흐름 속에 넣어서 자연스럽게 의견을 내 주시면 많은 논점을 다룰 수 있지 않을까 싶습니다.

스즈무라: 가마타 총장이 제기한 제3어젠다는 '종합적 연구기구로서의 대학의 역할'입니다. 이 어젠다의 중요성은 말할 것도 없습니다만, 종합적 연구 기능 담당자로서 '학술 커뮤니티'라는 좀더 큰 틀로 표현하는 것도 의미가 있는 것은 아닌가라고 생각합니다. 대학이라는 연구기구는 종합적 연구거점이기도 하면서 동시에 차세대 교육에 책임을 갖고 학술적 지식의 세대 간 계승 기관으로서 기능한다는 점에 고유의 역할이 존재한다는 시점이 유효하다고 생각합니다.

우라노: 제1부의 제 논문은 가마타 총장님께서 정리해 주신 '문제제기' 중에 제1절의 과학 실패와 사람들의 전문가에 대한 불신, 그리고 제2절 일본사회 시스템 취약성에 관련된 부분입니다. 거대 쓰나미와 그것이 계기가 되어 발생한 원전 사고 등 이번 사건이 일어나기 전까지는 과학자가 과학 연구라는 틀속에서 여러 가지 시뮬레이션을 실시하여 예측하고, 그것을 사회에 제시하는 것으로 무엇이 필요한가, 문제제기를 실천하고, 그것을 정치가 걸러내서 정책을 결정하는 제도를 만들어 간다는 것 그 과정을 전제하면서 시민은 그 상황을 받아들이는 자들로 생각하는 형태였다고 봅니다.

'상정 밖'을 둘러싸고 이번 '상정 밖'이라는 담론에 관한 갖가지 논의도 이들 중 하나의 단계에 원인이 있고, 이번처럼 '상정 밖'이라는 담론을 어떻게 사회적으로 이해해 갈 수 있는가라는 것을 묻지 않으면 안 되는 사건은 없었다고 생각합니다. 이것은 사회적으로 매우 중요한 문제제기라고 생각합니다. 이때 상정 밖의 사건이 발생하고 있다고 느낀 시점이나 단계에서의 대응이라든가, 행동지침이라든가, 아마 최초의 시점에서는 상정 밖의 사건이 발생했을 때에 그것에 대해 사람들이 어떻게 반응하는가(이것은 그러한 상황에서 사회의 체제라는 문제도 포함한다)라는 것이 문제가 되지만, 그것을 어떻게 이해하면 좋은가라는 문제가 가장 중요하다고 봅니다.

설계 전제로서의 외부 압력 과학자는 '상정 밖'이라는 것을 전혀 생각하고 있지 않았던 것은 아니지만 설계할 때에는 상정된 '외부 파괴력'을 가정하여 그 외부 파괴력까지는 견디도록 기술을 구사하여 설계해 가는 것입니다. 원자력의 경우 이러한 상정 밖의 파괴력을 가정하여 여러 가지 설비 설계를 실시합니다. 전문가가 상정하는 외부 파괴력 설정이 사회와는 정확하게 공유되고 있지 않다고 할까, 전문가가 의도하는 것과는 다른 형태로 받아들여지기 때문에, 오히려 과잉으로 반응한다든가 혹은 과소평가하는 하는 경우가 있습니다. 아마도 그 부분이 이번 동일본대지진의 대응을 둘러싼 사건들 중에서 크게 부각된 것은 아닌가라고 생각합니다.

'상정 밖'에 대한 사회적 대응 그렇다고 본다면 그 '상정 밖'이라는 것을 어떤 형태로 사회에 공개해 갈 수 있는가라는 부분, 혹은 시뮬레이션에 의한 예측이라는 것을 어떠한 형태로 사회에 공개해 갈 것인가, 그것에 대해 어떻게 사회적으로 대응해 갈 것인가라는 그 부분이 문제인 것입니다.

쓰나미 재해를 생각하면 상정을 염두에 두고 방조제를 설계하는 것이지만 그 상정을 넘었을 때의 시뮬레이션—상정을 넘었을 때에 자신들은 어떠한 경과를 거쳐 어떠한 상황에 놓여 있는가—이 너무도 명확하게 주민들과 공유하지 못했고, 그 때문에 과잉적인 '상정 내부' 설계 외부 파괴력 예측에 의지한 형태로서 대응이 이루어진 것은 아닐까. 그것에 의해 비상시에 커다란 피해가 발생했다는 인상입니다.

하마다: 상정 밖이라는 이야기가 나왔기 때문에 저는 이공학술원 소속이므로 공학 입장에서 말씀을 드리고 싶습니다. 우리들이 구조물이나 시설을 만들 때 먼저 자연 현상을 예측하는데, 자연현상에는 상한선이 없다고 보아야 할 것입니다. 상한선이 없기 때문에 일정한 발생 확률을 염두에 두고 설계를 위해 외적 조건, 즉 자연현상 수준을 결정하여, 그것에 따라 설계하거나 건설하고 있습니다. 사회기반을 구축해 가는 상황에서 어떨 수 없는 것이라고도 생각하지만, 그 설계 조건을 넘는 일도 일어날 수 있다는 것입니다.

한신·아와지 대지진의 교훈 이러한 것은 한신·아와지 대지진 때에 이미 경험했습니다. 지진에 의한 외부 파괴력이 설계치를 큰 폭으로 웃돌았습니다. 여기서 우리들이 내놓은 결론은 무엇인가 하면 설계 외부 파괴력을 대폭적으로 상회하는 구조물이 괴멸적인 피해를 입지 않는, 그것으로 인해 인명을 구한다는 기본방침에 근거하여 각종 내진 설계 지침을 개정해 왔습니다. 그렇지만 유감스럽게도 쓰나미에 대해서는 그러한 생각이 미치지 못했다고 생각합니다. 우리들은 선을 그어놓고 설계를 합니다. 그것을 넘어선다면 어떤 현상이 벌어질까라는 것을 염두에 두고 건물을 만들어 오기는 했습니다만, 쓰나미에 관해서는 유감스럽지만 그렇지 못했었습니다.

원자력 연구자로서의 반성　**오카**: 저는 원자력 분야에 대한 연구를 해 온 사람 입장에서 이러한 사고가 발생하여 진정으로 죄송한 마음이 들고, 크게 반성하고 있습니다. 이번의 '상정 밖'이라는 것으로 말하자면, 발전소가 전원을 비롯한 전체를 잃어버려 캄캄해지고 발전소 상태를 알 수 없는 상황이 된 것은 설계 단계에서는 전혀 생각도 못했었습니다.

원전 사고의 '상정 밖'　사고 후에 생각해 보니 유럽이나 미국에서도 그러한 것을 상정하여 여러 가지 고안을 내고 있습니다. 우리들도 전혀 생각하고 있지 않았던 것은 아니지만 '원전 과혹 사고'에 대해서는 사업자가 책임진다는 마음으로 담당해 왔는데, 실제 일어난 것은 그것보다 훨씬 정도가 심했고, 캄캄해져서 펌프나 전원을 구동시키는 전원도 잃었을 뿐만 아니라 원자로 상태도 아무것도 알지 못한 상태에서 자동차 배터리를 가지고 와서 겨우 측정할 수 있었습니다.

그러나 가장 큰 문제는 하마다 선생님께서 말씀하신 것처럼 이번 원자로는 이렇게 큰 쓰나미에 대한 상정 없이 설계된 것으로, 통상적인 사고 시를 대상으로 방사능을 모두 밀폐시키는 형태로 만들어졌기 때문에, 원자로 외부를 통해 배관 뚜껑이 전부 폐쇄되었습니다. 전원도 없으니 뚜껑을 열어 외부에서 물을 넣을 수가 없었습니다. 말하자면 외부에서는 거의 아무것도 할 수 없는 상태였습니다. 그 결과 원자로 연료가 녹아 대량의 방사성 물질이 원자로 외부로 흘러나오는 상황이 되어 버렸던 것입니다. 제조물이나 안전 관련 담당자가 상정하지 못하면 설계를 할 수 없는 것들입니다. 사고가 발생했던 당초에는 사고 규모는 불분명해서 발생 빈도가 높은 통상적 사고를 상정하여 사고 시의 방사능을 밀폐 공간에 저장하는 설계를 했던 것 자체는 나쁘다고 할 수 없을 것입니다. 그러나 이번과 같은 노심이 녹는 사고가 일어났을 때는 뚜껑을 열 수 있도록 설계하지 않으면 안 되었던 것입니다. 그것은 방심하고 있었던 것입니다.

전문가에 대한 불신을 가져온 것 많은 반성이 있습니다. 예를 들면 전문가에 대한 불신을 초래한 결과가 된, 사고 해설의 근거가 된 정보에도 오류가 있었습니다. 실은 제가 사고가 진전되고 있었을 때 일본에 있지 않았는데, 일본 TV를 보고 있지 않아서 잘 모르겠습니다만, 우라노 선생님이 가르쳐 주신 책, 즉《TV는 원전 사고를 어떻게 전달했는가》를 읽고 왜 전문가를 불신하게 되었는지 어느 정도 이해할 수 있었습니다. 원자로에서 가장 중요한 안전상의 바로미터인 수위 조절, 수위 조절이 있었다면 연료는 물속에 들어 있기 때문에 방사능은 나오지 않는데 이 수위계가 잘못되어 수위가 있다고 잘못 표시된 것입니다. 수위가 있다고 발표되어 그 정보를 근거로 해설했기 때문에 전문가 불신을 초래한 것은 아닌가 하고 생각하고 있습니다. 또한 사고 당초 일주일은 사고 자체가 진전되면서 정보도 적어지고 정확한 해설을 하는 것은 매우 곤란했다고 생각합니다.

미국에서 옛날에 발생했던 스리마일 섬 원전 사고에서 역시 수위계가 잘못 표시되었던 적이 있습니다. 그것을 통해 학습하고 개선했었어야 했는데 그렇지 못했습니다.

방사선의 건강 영향(전문지식의 중요성) 또 하나 전문가라는 입장에서 말씀을 드립니다. 방사선의 건강 영향에 관련해서입니다. '미스터 100밀리시벨트라고 불리던 선생님이 있습니다. 이 선생님은 나가사키에 사는데, 방사선 영향 관계의 글로벌 COE 대표자입니다. 그러니까 그가 말하는 것을 신용하지 않았기 때문에 누구를 신용해야 하는가라는 것이 문제가 되었습니다. 전문가에 대한 불신은 전문가로서 겸허하게 받아들이지 않으면 안 되지만, 전문가의 지식을 무시하는 것은 곤란합니다.

풍문 피해는 국민, 정부, 전문가를 포함한 전체 문제 저선량底線量 피폭 리스크를 잘못 이해한 탓에, 잿더미 처리 기피나 농산물 불매 등의 풍문(風評) 피해가 발생했는데, 이것에 대해서는 전문가가 말하는 것을 잘 들어주었으면 합니다.

제1부에서 적었습니다만, 안전 전문가는 '안전'이라고 단정해서 말하지 않습니다. 두 번째 임계에 대해서 문제가 되었습니다만, 확

률이 낮다고 생각해도 안전한가라고 질문을 받으면, 정확한 대답은 할 수 없다고 생각합니다. 최악의 상태를 여러 가지 상정하는 것은 사고 대응에서는 당연히 필요합니다. 이번 사고로 저선량 피폭 리스크에 대해서는 고문이었다가 사임한 전문가 기자회견 보도가 세상에 커다란 영향을 주었다고 생각합니다. 그 후 기준치의 심의 결과도 그렇습니다만, 저선량 영향이 불분명하다면 안전 전문가로서는 낮은 기준치에 반대할 수 없기 때문입니다. 그것은 그것만으로는 풍문 피해를 막지 못합니다.

전문가의 의견도, 방사선 리스크만을 생각하는가, 풍문 피해 등 사회적 영향을 생각하는가라는 입장에 따라 다릅니다. 이번과 같은 아주 커다란 원자력 사고 시에 가장 큰 영향을 주는 것은 풍문 피해입니다. 잿더미 처리를 끝내지 못했고, 그것이 후쿠시마, 이바라기茨城의 농업 수산업에 매우 큰 피해를 입혔습니다. 이미 결정된 기준에 대해서는 아무것도 말할 것이 없는데, 혼란을 피하기 위해 그렇게 할 수밖에 없다고 생각합니다만, 실제로 풍문이라는 문제가 매우 큰 문제이며, 좀 무책임한 발언일 수도 있습니다만, 이것에 관해서는 역시 과학만으로는 어떻게 할 수 없는, 단순하게 미디어가 나쁘다는 식으로 몰고갈 것이 아니라, 국민이나 정부, 전문가를 포함한 커다란 문제라는 것을 말씀드리고 싶습니다.

사회 인식과 문화의 문제　　**우라노** : 저도 그렇게 생각합니다. 오히려 원자력 문제에 가려져서, 사회적 인식이나 문화를 어떠한 형태로 사전에 만들어 놓을 수 있을까, 구축해 놓을 수 있을까라는 부분에 대한 토론이 없었다고 생각합니다. 이 부분을 어느 정도까지는 만들어서 공유한다면 풍문 피해의 폭이 좁아질 것이라고 생각합니다. 이 부분의 문화가 지금까지 이루어지지 않았기 때문에, 아니 만들려는 노력을 진지하게 해 오지 않았기 때문에 이번과 같은 비극으로 연결된 것은 아닌가하고 생각합니다.

그것이 이번에는 극단적으로 진행되었고, 전문가들은 믿을 수 없다는 식의 이야기까지 퍼져나갔다고 생각합니다. 그렇게 되지 않기 위한 토론이나 대응이 지금까지의 원자력을 둘러싼 일본사회의 구조 속에는 결여되었던 것은 아닌가, 또한 원자력에 대한 사회적 인식도 포함해서, 사회를 어떠한 형태로 재구축할 것인가, 어떻게 원자력에너지와 그 폐기물을 다루어 갈 것인가를, 사회에 개방하는 형태로 토론을 만들어 가는 과정이 중요하다고 생각합니다. 그러한 의미에서 지금 현재 중대한 사회적 실험이 진행되고 있다고 생각합니다.

'상정'의 의미와 잔여 리스크 **스즈무라**: '상정 밖'이라는 표현은 왠지 관계나 책임을 회피하려고 억지로 꾸며서 하는 말 같은 인상을 받아 저의 글에서도 자세하게 비판적 견해를 피력했었습니다. 방재를 위한 시설과 기구를 설계할 때에 '상정'하는 것은 대처할 수 있는 피해 규모나 강도에 관한 기본적인 표준적 혹은 규범을 가리키는 표현으로, 그 기준을 능가하는 재해의 잔여 리스크를 무시할 수 있다는 것을 의미하는 것이 아니라는 것, 그것이 저의 기본적 이해입니다. '상정 밖'이라는 말로 잔여 리스크에 대한 대응 조치가 설계자의 책임 밖이라고 꾸미는 것은 방재 설비와 기구 설계에 대한 기본 사상으로서 분명하게 잘못된 것이라고 저는 생각합니다. 그렇다고는 하지만, 생각할 수 있는 최대 규모의 재해를 상정하여 발생 확률에 관계없이 이러한 재해에 100% 대처 가능한 설비, 기구 건설을 기대하는 것은 비현실적이기도 합니다. 동일본대지진 이후에는 상정할 수 있는 최대한의 재해를 '상정'하는 예측이 공표되고 있습니다만, 높이 30미터를 넘는 쓰나미를 상정하여 그것을 완벽하게 막아낼 수 있는 방파제를 건설하는 것은 실제로는 불가능합니다. 이러한 상정을 공표할 때에는 그것과 표리일체로 건설된 방파제의 능력을 넘는 잔여 리스크에 대처하는 조치 설계와 실제성에 대해서도 구상해 두어야 할 것입니다. 따라서 최대 규모의 재해를 예측하고 공표하는 연구자들은 그들이 상정하는 재해의 잔여 리스크에 대한 배려가 없는 것처럼 말하는 것에는 저로서는 이해가 되지 않습니다.

'만약에'라는 것을 생각해 보는 일의 중요성 다음으로는 문제를 조금 더 확대하여 반사실적counterfactual인 사고 실험이 가진 의의에 대해서 몇 가지 문제를 제기하고 싶습니다. 역사에서 자주 사용하기도 합니다만, 역사에 '만약에'는 없다고들 합니다. 그러나 대지진 이후에 남발하는 반성을 단순한 변명으로 끝나지 않게 하기 위해서는 '만약에'라는 표현을 빌려서 반사실적인 사고 실험을 할 필요가 있지 않을까라고 생각합니다. 동일본대지진은 많은 사람들의 인명을 앗아간 지진과 쓰나미의 직접적인 피해, 그리고 장래에 심각한 피해를 가져올 원전 사고로 이루어져 있습니다. 어떤 경우에도 피해 실태에 대해 '만약에'라는 반사실적 사고 실험을 하는 것에서 배울 수 있는 여지는 매우 크다고 생각합니다.

지진과 쓰나미의 경우에는, 물론 최종적으로는 붕괴되지 않았지만, 방파제나 방조제가 벌어 준 피난을 위한 귀중한 짧은 시간을 인명 구조에 유효하게 활용하는 정보 전달과 피난, 유도의 체계를 재검토하여 어느 정도의 피해를 경감시킬 수 있는가를 추정하는 것, 그 가상적인 실험을 장래 재해에 대비하는 조치를 설계하고 실제 장치하고, 연습을 성숙시키는 소재로 살려가는 것은 당연히 실행해야 할 '반사실적' 사고라고 생각합니다. 또한 긴급사태에 신속한 정책적 대응을 방해한 결과를 낳았다고 지적되는, 평시법平時法 적용 사례를 전부 꺼내서 긴급 시를 대비하는 법제도 구상 및 법제화, 시한적 권한 배분 구상에 활용하는 작업도 이 제도가 당시 존재했었다면 피해자의 구조 조치를 어디까지 신속하고 유효화할 수 있었을까라는 반사실적 사고 경험을 가져 봄으로써 그것이 실현되는 현실적 궤도를 마련해 주는 것이라고 생각합니다. 원전 사고 경우에도 반사실적 사고 경험의 의의에 대해 같은 취지의 주장을 하고 싶습니다.

이러한 관점에 입각해서, 아직도 동일본대지진의 교훈에서 배워 장래를 대비하기 위한 논리들이 충분하고 명확하게 정리되어 있지 않은 것을 보면 걱정이 됩니다.

사후적 '지식'을 넘어 한 가지만 더 첨부해서 말씀드리겠습니다. 특히 인문학, 사회과학을 염두에 두고 말씀드리는 것입니다만,

헤겔의《법철학》의 서문을 보면, '미네르바의 부엉이는 황혼이 저물어야 그 날개를 편다'는 표현이 자주 사용됩니다. 이들 분야에서는 사태가 이미 끝난 이후에 격동이 가신 다음에 장래의 추세가 정해진 이후에 현장에 도착하여 발생한 격동을 사후적으로 검증하는 작업과 분산된 지식 체계를 정리한다는 의미 즉 '현실의 뒤쫓음'이라는 작업이 학문의 왕도이론이라고 생각합니다.

발생한 사태에 대해 사후적으로 정리하고 체계적인 이론을 확립하는 작업의 중요성을 부정할 생각은 없습니다. 동일본대지진과 관련해서도 경험적인 지식의 체계화가 필요한 것은 너무도 당연합니다. 계승되어야 할 '지식'이 급속하게 풍화하여, 귀중한 지적자산이 활용 기회를 갖지 못했다는 예는 '쓰나미 방파제' 사례에서 여실히 드러나는 것처럼 헤아릴 수 없이 많습니다. 제가 말씀드리고 싶은 것은 전통적인 학문 방법을 버리지 않으면서도 새로운 현실을 직시하여 새로운 지향성을 가진 연구를 띄울 필요성은 인문학, 사회과학 분야에서도 매우 중요한 일이라고 생각합니다.

사전 제도 설계를 위한 연구 동일본대지진을 계기로 우리들은 경제, 정치, 사회제도가 연속적으로 붕괴되는 경험을 했습니다. 그리고 그 대지진을 겪고 이미 많은 날짜들이 경과하면서 우리들의 정치적 결정 기구, 더 넓은 시야에서는 사회적 선택이라는 제도적 틀이 신속하고 긴급을 요하는 정책적 과제 앞에서 멈춰 섰고, 정략이 정책을 우선하는 비참한 정치적 상황을 극복하지 못하고 있는 현실을 생각하면 국민의 복지 개선을 위해 원활한 기능과 공헌을 기대할 수 있는 제도적 틀을 사전에 설계하여 공공적 선택지로서 사회에 제공하는 것을 과제로 하는 인문학적, 사회과학적 연구의 중요성은 아무리 강조해도 지나치지 않는다고 생각합니다.

지진학, 쓰나미학의 실패 **하마다**: 스즈무라 선생님께서 '반성'이라는 단어가 사용하셨습니다만, 저는 제1부에서 '지진과 쓰나미 예측의 실패'라는 제목으로 글을 썼습니다. 지진 예측이 실패였다고 하는 것은 틀림없다고 생각합니다. 그러나 그러한 발언을 제 자신이 했다고 해서 지진학 전문가들은 '우리들은 지진 예측이 가능하다고 말한 적은 한 번도 없다'라는 태도를 보였습니다. 책임을 지실 만한 분이 그렇게 말씀하셨습니다.

그렇지만 일반 국민은 지진학은 어떠한 형태로든 지진을 예측하기 위해 존재하는 것으로, 지진 예측이 가능하다고 생각하여 신용하고 있습니다. 지진학 연구자는 방재에 도움이 되는, 사회를 위해 도움이 되는 과학을 연구하고 있다는 의식이 희박한 것은 아닌가 하고 생각합니다. 제가 지진공학이 전공이니까, 지진 재해를 어떻게 경감시킬 수 있을까라는 연구에 종사하는 사람 입장에서 제 자신도 같은 죄를 지은 것이라고 생각합니다만, 역시 지진학은 지진이나 쓰나미 예측에 관해 반성이 부족한 것 같습니다.

그리고 '불신감'에 관한 문제입니다만, 아주 안 좋게도 지진 재해 이후 불신감이 증식되었습니다. 그것은 전문가가 장래의 지진이나 쓰나미에 대해 정리되지 않은 의견을 말하기 때문이라고 생각합니다. 스즈무라 선생님도 말씀하셨습니다만, '이래도 좋은가, 이래도 괜찮은가'라는 말이 위험성을 크게 증폭시키는 결과를 낳았다고 생각합니다.

'최대급'이 가진 함정 중앙방재회의가 '최대급'이라는 매우 애매한 단어를 사용했습니다. 최대급이라는 것은 생각할 수 있는 최대, 즉 일어날 수 있는 최대 상황이라고 해석하고 있는 학자도 있습니다. 그러니까 거대 진원 지역을 생각하여 쓰나미 높이는 30미터가 될 것이라고 말하기도 합니다. 예측가라든가 이학부理學部 사람들은 그러한 가능성을 말하는 것만으로 임무가 끝났다고 생각할 수 있을지 모르지만, 공학부에서는 그것을 통해 사회를 만들고 국가를 만든다는 사명을 갖고 있어서 '생각할 수 있는 최대', '발생할 수 있는 최대'라는 말을 들으면 납득이 안 갑니다. 역시 선을 긋지 않으면 안 됩니다.

'인명'의 기준 단, 앞서 나온 이야기로 돌아갑니다만, 이번 지진을 통해서 배운 것은 일정한 선을 넘었을 때에 인명 손실은 최소한으로 줄이지 않으면 안 된다는 점입니다. 그 방법을 강구하지 않으면 안 된다고 생각합니다.

우라노: 그것이 가장 중요한 포인트라고 생각합니다. 상정할 수 있는 '외부 파괴력'을 초월한 사태가 생겼을 때 무엇을 지킬 것인가 그 부분을 확실해 두지 않으면 대책 설계가 불가능하다고 봅니다. 이를 직접적으로 표현하자면, 인적 피해의 극소화라고 생각합니다. 그를 위한 사회 설계(이는 사회환경 설계라고 생각합니다만)가 중요하

다고 생각합니다.

리스크 프리라는 환상　지금까지의 사회 메커니즘을 보면, 무언가의 위험도를 상정하고, 거의 대부분의 사태가 그 상정 범위에 그치는 것이라고 생각해 버린 것입니다. 따라서 그 상정한 것에만 대응하는 상태를 만들 수 있다면 그 위험에 대해서는 생각하지 않아도 괜찮다는 리스크 프리가 되어 버린 사회적인 오해가 조성되었고, 그렇기 때문에 리스크 프리 상태는 계속해서 생존해 있었던 것이라고 생각합니다.

그러한 조작에 의해, 결국 방파제도 그러한 것이며, 원자력발전소도 그러했던 것입니다. 안전하다고 계속해서 말하고, 이 말을 계속해서 들으면 사고회로가 안전 쪽으로 돌아서면서 사회적으로는 '안전하니까 생각하지 않아도 괜찮아'라고 생각하게 만들어 버립니다. 바로 이것이 문제인 것입니다.

그러니까 이것은 '전문적 지식'을 어떠한 형태로 사회가 받아들이고, 그 이해를 어떠한 형태로 사회 설계 속에 살려갈 것인가라는 회로 설계가 이루어지지 못했었구나라고 생각합니다.

과학자의 발신 책임　**하마다:** 그것의 원인 중 하나는 우리들의 발신 방식에도 문제가 있다고 생각합니다. 설명하는 방식에도 말입니다. 저도 원자력발전소 관련 안전심사위원을 담당하기도 했었습니다만, 역시 무조건 안전하듯이 반복해서 설명합니다. 그러한 설명을 하지 않으면 지역주민은 납득하지 않기 때문입니다.

우라노: 그렇습니다. 원자력발전의 경우는 큰 사고 발생을 상정하는 것조차 터부시한 부분이 있습니다.

방조제 안전 신화　**스즈무라**: 동일본대지진 때 쓰나미로 붕괴된 방파제도, 원래는 '어떤 쓰나미가 와도 이것은 100% 괜찮다'라는 확신을 갖고 만들어진 것이 아니라, 쓰나미에 의해 방파제가 붕괴되는 시간에 사람들이 피난할 수 있는 시간을 벌어 주기 위해서 만든 것이라고 저는 방파제 설계 사상을 갖고 있습니다. 하마다 선생님도 우라노 선생님도 앞서 지적하신 것처럼 잔여 리스크를 생각하는 보완적인 조치를 전제로 하는 사고와 본래 보장할 수 있는 것이 아닌 100% 안전 신화 환상을 가진 사고로는 잔여 리스크에 대한 준비에는 천지간의 차이가 있다고 저는 생각합니다.

과학자의 책임　하마다 선생님은 제가 사용한 '이래도 좋은가, 이래도 괜찮은가'라는 표현을 언급해 주셨습니다만, 동일본대지진 이후에 빈번히 등장하는 최대급 지진이나 쓰나미 예측에 대해서는 전문 분야는 서로 달라도 학술 커뮤니티에 속한 한 사람의 입장에서 몸이 추슬러지는 말씀이십니다. 상정되는 '최대급' 지진이나 쓰나미가 엄습해 오면 어느 지역에서는 30미터를 넘는 쓰나미가 예측된다고 말하면서, 그 리스크에 대처할 감재 조치의 방법에 대해서는 딴 사람이 생각해 줄 것이라고 내뱉어 버리는 감각에 저는 소름이 돋습니다. 동일본대지진에서 그렇게 많은 희생자를 낳은 경험을 생각하면 그것을 훨씬 넘는 규모의 지진이나 쓰나미를 예측하는 당사자에게는 감재 조치 설계를 호소하는 정도의 센스는 가져줄 것을 기대하는 것은 당연한 것이 아닌가라고 생각합니다.

모든 것을 완벽하게 상정할 수는 없다 **오카:** 원자로의 노심용해 사고와 대형 쓰나미는 빈도가 낮은 것이어서 경험적으로 알고 있는 것이 적어 학문적으로도 열심히 연구하지 않으면 안 되는데, 역시 거기까지 생각이 도달하지도 않았고 경험해 온 것만으로는 알 수 없는 것입니다. 인간은 전체를 상정할 수 있는 것이 아니기 때문입니다. 예를 들면 항공기도 원자력발전소도 모든 것을 상정할 수 있다면 전부 자동 운전으로 가능하게 해 놓고 인간은 필요 없게 되는 것입니다. 실제로 상정 밖 사태에 대응하기 위해서는 운전원이 필요한 것입니다. 정상 운전은 거의 컴퓨터가 담당하니까 운전원 역할은 운전 상태 감시가 됩니다.

클리프 에지 피하기 무엇을 말씀드리고 싶은가 하면, 그것을 넘었을 때에 스즈무라 선생님께서 말씀하시는 것처럼, 갑작스럽게 나쁘게 되는 현상, 그것을 우리들은 클리프 에지CLIFF EDGE라고 합니다만, 그러한 상태가 되어 버렸다라는 것이 커다란 반성입니다. 그렇게 되지 않으려면 몇 단계로 나눌 것인지가 필요합니다. 관계자들은 대응 방법을 생각하기 시작한 것 같습니다.

경험을 조직적으로 피드백하는 것 그렇지만 가장 중요한 과제는 사고나 지진, 쓰나미 대응에서 노정한 여러 가지 문제는 오늘날 일본이 내포하고 있는 과제와 겹치는 부분이 많습니다만, 이들을 사회 시스템 속에 잘 피드백시켜 수정하는 메커니즘이 일본에는 없는 것 같습니다. 풍문 피해도 있었습니다만, 행정이나 정부, 규제의 방식도 물론 설계의 경우에도 그렇습니다만, 그것이 잘 진행되어 가는 조직을 말하는 것입니다만, 공학 용어로 '피드백'이라고 합니다만, 그 조직을 잘 작동시키지 않으면 안 된다고 봅니다. 이것은 단순하게 기술적 문제에 대한 것이 아니라 사회 조직으로서 일본에는 적절한 피드백 조직이 이곳저곳에 필요하다고 생각합니다. 그리고 그 책임과 의무가 우리들 연구자나 전문가에게 있는 것은 아닐까요.

'지진에 견딜 수 있는' 사회구조 **하마다:** 효고 현 남부 지진 이후 설정된 설계 수치를, 이 수치가 넘는 외적 조건이 와도 '견딜 수 있는 구조물'을 건설하려고 했었는데, 마찬가지로 '견딜 수 있는 사회구조'를 만들어 가지 않으면 안 된다고 생각했습니다.

그렇지만 이번에는 성공한 사례도 몇몇 있었습니다. 쓰나미 방조제가 있었기 때문에 쓰나미의 강도가 약해지고 사람들이 피난할 시간이 생겼던 것입니다. 그러한 성공 사례도 발굴하지 않으면 안 된다고 생각합니다.

설계에 대한 사회의 수용 방식을 둘러싼 대학의 역할 **우라노:** 그렇습니다. 공학적인 설계로 이루어진 만큼, 그 설계물이 상정을 넘는 외압을 가진 힘을 받았을 때 이 구조물은 어떠한 역할을 하는가라는 문제를 생각할 필요가 있습니다. 그것을 사회적으로 인지하고,

사회에서 사람들이 받아들이는 방식을 바꿔 가지 않으면 안 된다고 생각합니다. 그러한 점에서 대학에서는 교육기관이라는 입장과 연구기관이라는 입장 양쪽이 있습니다만, 그점을 잘 이해시켜 심화해 가는 것으로 계통적으로 생각해 갈 수 있는 방법을 만들어 가는 것이 혹시라도 가능할지도 모릅니다.

전체를 조감하는 방재 사회 구축 **하마다**: 연구자 측에도 문제가 있습니다. 즉 전문 분야가 쓰나미 전문가, 구조물 전문가, 다리를 만드는 전문가 등등으로 세분화되어 있으므로 전체를 조감하여 방재 사회를 구축한다는 시점을 가진 연구자가 적어진 것은 아닌가라고 생각합니다.

스즈무라: 하마다 선생님이 사용하신 '조감적'이라는 용어는 종합적인 감재 조치 설계와 실제 사용이라는 측면에서 중요한 키워드라고 생각합니다. 연구 분야의 세분화에 의한 학술적인 연구 정밀화가 급속하게 달성된 것은 사실입니다만, 이번 대지진의 피해처럼 거대 리스크에 대해 유효한 것이 되려면 세분화된 과학들을 조감하여 그 연대coordination를 꾀하는 것이 반드시 필요하다고 생각합니다. 여기서 요구되는 연대는 지진학과 쓰나미학, 방재공학의 연대처럼 아마추어도 알 수 있는 자명한 사례뿐만 아니라 그 발상 자체에 높은 전문성이 요구되는 사례도 많이 있다고 생각합니다. 과학의 궁극적 존재가치raison d'tre가 인간의 복지와 개선이라는 아주 소박한 원점으로 돌아가 현 세대뿐만 아니라 장래 세대에게도 미치는 거대 리스크에 대한 유효한 대처 방법 설계를 목표로 조감적인 시점에

입각한 과학의 연대가 제안되기를 저는 기도하고 있습니다.

또 하나, 하마다 선생님이 말씀하신 성공 사례입니다만, 평소의 훈련을 살려 안전하게 피난함으로써 거의 피해가 없었던 초등학교나 유치원 등은 계승되어야 할 조직 행동의 사례도 몇 가지 거론되기도 합니다. 이러한 성공 사례를 미담으로 칭찬하는 데 그치지 않고 잊히지 않도록 해야 한다고 봅니다. 하나하나 구체적 사례를 모아서 이 경험이 장래에도 계승되도록 배려하는 것도 감재 조치의 중요한 일부라고 생각합니다.

원자력발전소의 명암 **오카:** 성공 사례라는 의미에서는 원자력발전소에서도 내진설계는 실은 우수하게 작동하고 있었습니다. 2007년 추에쓰지진 때가 이번 지진보다 원자력발전소에서의 지진 가속도는 더 컸습니다. 효고 남부 지진이나 추에쓰 지진을 경험하면서 실은 원자력발전소의 내진설계 기준을 개정했습니다. 이번 지진에서는 지진이 발생했을 때 발전소가 멈추었고, 안전 계통이 작동했습니다. 중요한 기기는 지진으로는 파괴되지 않았었습니다. 과거 대지진의 경험을 통해 내진계를 개정했고, 그에 따라 여러 가지 보강을 해 왔기 때문에 그것은 잘 작동했던 것입니다. 그렇지만 그 이후에 쓰나미가 덮치면서 전혀 다른 상황이 전개되었고, 대책이 없었습니다.

사후적 개선 우리들 표현으로 말씀드리면 '사후적 개선'이고 말합니다만, 지진 대책은 발전소 건설 이후의 견해로 규제를 개선했기 때문에 대응할 수 있었습니다. 잘할 수 있다는 것은 공학 분야에서는 통용되는 일입니다만, 이번 쓰나미 대책에 한정하지 말고 발전소 건설 이후에도 중요한 새로운 견해가 있다면 그 사후 개선을 적절하게 실시하는 것이 중요하다고 생각합니다.

리스크 매니지먼트 **하마다**: '참고 견딜 수 있는 강한 사회구조'를 만드는 것은 매우 중요한 포인트라고 생각합니다. 이때 이번에 문제가 되는 것은 위기 관리(리스크 매니지먼트)입니다. 그것이 일본에서는 전혀 진척되고 있지 않습니다. 그것에 거버넌스 문제도 있습니다. 그것의 수준이 미국에 비교하면 아주 낮습니다. 그러한 말조차 별로 정착되어 있지 않으니까요.

고령화사회의 재해 대책 **우라노**: 지역사회 입장에서 말씀드리면 이번에는 고령화가 진행된 지역에 피해가 컸다는 사실을 주목하게 됩니다. 쓰나미 피해 지역의 피난 행동을 보면, 일단 현장을 피했어도 집에는 고령자가 있고, 이웃 지역에도 고령자가 있다는 점에서 그 사람들을 돕기 위해 시간이 있겠다 싶어 다시 돌아왔다가 쓰나미의 피해를 입은 경우도 꽤 많았다고 합니다. 그러면 고령자가 증가된 사회에서 쓰나미 대책을 세운다는 것은 단순하게 방조제 높이나 강도의 문제만이 아니라 도시의 시설(배치) 등의 방식이라든가 지역에서의 피해 교육 방식, 그리고 고령자를 둘러싼 사회적 관계 등의 휴먼적 커뮤니티 방식 등이 전부 관련되어야 한다고 생각합니다. 그것을 입체적으로 생각하여 만들어 가지 않으면 안 되고, 그것

없이 지역사회의 안전성을 담보하기에는 한계가 있다고 봅니다.

분야 횡단적 방식 **하마다:** 그것을 실천해 가기 위해서는 어떻게 하면 좋을까. 방재에 관해서는 분야를 초월해 횡단적으로 해야 한다고 다들 말하지만, 그것이 진척되고 있지 않은 것이 현실이지 않습니까. 방재에 관련된 학회, 협회의 연계 조직을 창출하는 것으로 학술회의를 소집했습니다만, 30개 정도의 학회와 협회가 모였습니다. 30개나 모였구나라고 놀라기도 했습니다만, 이들 학회, 협회 간의 연계는 거의 진척되고 있지 않습니다. 방재사회 구축에는 각각의 분야를 넘어 횡단적으로 실천해 갈 필요가 있다고 봅니다.

학술, 전문가와 사회 **가마타:** 각각의 분야 및 전문가들의 책임 문제, 과학 분야 상호간의 연계의 문제, 과학과 사회의 관계성 문제가 지적되었습니다. 과학과 학술 문제를 대학이라는 것으로 묶어서 말하는 것은 검토가 더 필요하다고 생각합니다만, 대학은 말씀하신 것처럼 모든 학술 분야에 관련성을 갖고 있습니다. 그것들을 연결하기 위해서 일정한 역할을 담당하지 않으면 안 됩니다. 그것과는 또 따로, 과학이라든가 학술, 혹은 전문가와 사회와의 관련성에 대해 지진 발생에서 그 이후 부흥을 설정하는 과정에서 여러 가지 문제가 드러난 것들도 중요하다고 생각합니다.

과학이 갖고 있는 한계 오늘 좌담회에서 다루는 항목 중 '과학의 실패와 전문가에 대한 불신'이라는 조금 자극적이고 도발적인 스타일로 문제제기를 했습니다. 그러나 지금까지의 토론 속에서도 있었습니다만, 과학에는 문자 그대로 '실패' 부분도 있습니다만 과학이 본래 가지고 있는 한계라는 것도 의식하지 않으면 안 된다고 생각합니다. 과학이 실제로 할 수 있는 것과 사회가 과학에 대해 갖고 있는 의식(경우에 따라서는 근거 없는 기대일 수도 있지만)과의 차이점이라든가, 과학자가 제공하는 정보와 그것을 받아들이는 시민 측 사이의 이해 차이가 지진 직후부터 강하게 의식되게 되었다고 생각합니다.

사회와 과학 사이의 조정　또한 이 이상으로 매우 우수한 과학적인 지식이나 기술은 있을지도 모르겠습니다만, 그것이 실제로 필요할 때 필요한 곳에 활용되는 루트가 확보되어 있는가라는 문제도, 그것은 자연과학상의 기술뿐만이 아니라 행정이나 기업의 운영 등의 사회제도에도 관련되는 것입니다만, 이러한 문제가 이번 재해를 통해 드러났다고 생각합니다.

따라서 과학자로서, 지금까지 과학의 존재 방식에 대해 반성하고 이것을 장래에 살려 가는 것은 물론 필요한데, 사회가 과학과의 관련 방식을 어떻게 생각하는가, 과학적 지식을 사회 속에 어떻게 잘 꾸려 넣어 갈 것인라는 시점도 중요하다고 생각합니다. 말 그대로 방재나 감재 혹은 자연재해나 원자력발전소 사고로부터의 부흥은 사회와 과학과의 조정, 과학 분야들 간의 조정이 이루어지지 않으면 대응할 수 없는 전형적인 문제라고 생각하며, 이러한 조정이 지금부터 사회를 구축해 가는 데 매우 중요하다고 실감하고 있습니다.

단, 이것을 의식한 것만으로는 아무것도 안 되며, 이 반성이나 교훈을 어떻게 피드백시켜 갈 것인가라는 과제를 생각하지 않으면 안 됩니다. 과학자 커뮤니티가 어떻게 그것을 실현시켜 갈 것인가, 그것을 어떻게 차세대에 전달해 갈 것인가, 그 부분에서 대학의 역할이 매우 중요하다는 인식은 공유되었다고 생각합니다. 다음으로는 이것을 어떻게 실천해 갈 것인가라고 생각합니다. 이는 매우 어려운 일이기도 합니다만, 잊지 말고 실천해 가야 할 것입니다. 이 반성이나 교훈도 순식간에 잊힐지도 모른다는 걱정이 드는 것도 사실입니다.

대학의 행동 **하마다**: 지금 총장님으로부터 실천으로 옮겨간다는 말씀이 있으셨습니다만, 와세다대학은 도쿄에 있지 않습니까. 수도직하 지진이 일어나면 위기적 상황을 맞이할 수 도 있지 않습니까. 이때 수도에 있는 종합대학으로서 우리들이 무엇을 할 수 있을까를 역시 생각해 두지 않으면 안 된다고 생각합니다. 대학 전체로서 사회에 어떻게 발신해 갈까, 어떠한 연구를 추진해야 하는가라는 문제들입니다. 시간이 별로 없을지 모르겠습니다만, 구체적인 대상을 갖고 대학 전체가 움직인다고 해야 할까요, 그런 것이 필요하다고 생각합니다.

우라노: 전문적인 지식이라든가 연구 성과를 사회에 활용한다고 할 때 활용 방법이나 장면, 판단 수준이 여러 가지 있다고 생각합니다. 예를 들면 국가 단위에서 방재 정책을 활용하는 것도 있을 것이고, 자치단의 여러 가지 판단에 기여할 수 있는 단위도 있을 것이고

요. 주민 단위나 지역사회 속에서 그것을 활용해 갈 수 있다고 생각합니다.

지역에서 국가에 이르는 중층적 조직 장치 지진 이후의 토론들을 들어 보면, 예를 들어 쓰나미 피해에 관해서도 원자력 사고에 관해서도, 국가의 판단이 선행되고 있었다고 생각합니다. 쓰나미 방재에 관한 여러 가지 의견도 어떤 의미에서는 국가가 하나의 큰 틀에서 기준을 정해 버리고 그 틀 안에서 선택지를 만들어 가는 것 같았습니다. 어느 정도까지는 어쩔 수 없기도 한 부분이 있고 실제로 국가가 판단하고 기준을 만드는 것을 기대하는 목소리도 있습니다만, 진정으로 그것이 옳을까요. 그들 판단이나 기준을 받아들이는 주민이나 지역 측에서는, 예를 들어 과소 지역을 생각해 보면, 자신들은 생활 속에서 과소화 문제에 직면하면서 여러 가지를 생각하면서 살고 있습니다. 즉 그 지역에서 생활하는 일상에서 기본적인 안전 문제는 이 과소 상황을 살아가면서 겪게 되는 생활 문제와 깊게 관계되어 있다고 봅니다. 그 생활 속의 '안전'에 관계된 판단이나 기준을 누가 어떻게 결정하는가, 국가의 판단을 기다려야 하는 것일까요.

분명히 지역주민이 결정한다고 해도 아마 단단하게는 정해지지 않을 것이라고 봅니다. 그것은 국가와 현縣과 지역주민 사이를 어떠한 방식으로 커뮤니케이션을 이루게 하며, 결론을 내는 방식을 제시할 것인가. 어느 것이 지역 생활에 가장 플러스가 되는가라는 부분을 생각해 갈 때에는 역시 그 판단과 결정 방식에는 중층적인 장치가 필요한데, 그 조정이 매우 중요하다고 생각합니다. 지금은 조금 중앙집권적인 판단이 전면에 나와 있는 것은 아닌가라고 생각합니다.

'지방분권'에 의한 혼란 **하마다**: 또 다른 경우도 있습니다. 2011년 12월에 '쓰나미 방재 지역 만들기에 관한 법률'이라는 것이 있었습니다. 여기에 무엇이 적혀 있는가 하면, 쓰나미의 높이라든가 침수지역은 그 지역 지사가 결정한다고 적고 있습니다. 말 그대로 지방분권입니다만, 그것은 악법이라고 생각합니다. 데라다 도라히코寺田寅彦 선생님은 '방재는 국방이다'라고 적고 있습니다. 다시 말해서 전쟁과 동일하다는 것입니다. 그러니까 그것은 국가가 담당해야 할 일인데 그것을 지방자치단체에 떠맡겨 버렸다라는 것입니다. 그 때문에 대혼란이 발생하고, 다마가와를 둘러싸고 양 지역에서 쓰나미의 상정 높이가 달라지는 사태를 초래한 것입니다. 이럴 경우에는 역시 국가의 강한 리더십이 필요하다고 봅니다.

와세다대학의 졸업생 중에는 정치가도 많고, 관료도 있습니다. 물론 지방에도 유력자들이 많이 있으니 우리들이 발신하는 루트가 있다고 생각합니다. 또한 매스컴에도 와세다대학 졸업생이 많으니 사회에 발신할 수 있는 기회가 많다고 생각합니다.

관련 기관 연대와 조정 **우라노**: 아마도 지금 말씀하신 것은, 다마가와라는 하나의 강을 사이에 두고 존재하는 두 현에서 판단이나 기준이 달라 조정이 안 되고 있는 것과 그 모순점을 지적하신 것 같습니다. 그것은 관련 기관이 밀접한 연대를 통해 종합적 조정을 하지 않으면 안 되는 사례인 것 같습니다. 서로 다른 기준을 설정하여 대응하려고 하면, 가장 약한 부분에 피해가 집중하는 피해를 낳을 수 있기 때문에 그 부분을 잘 조정하지 않으면 안 되며, 서로 다른 지역 연안에서는 연안마다 기준이 달라도 상관없다고 생각합니다. 그것은 지역 생활 실태와의 관계성 속에서 생각할 국면이라고 생각합니다. 어떤 수준이 적절한가, 어떤 수준에서 어떤 조정을 하는 것이 적절한가라는 것을 포함해 설계할 수 있다면 좀더 좋은 선택이 가능해지리라고 생각합니다.

하마다: 물론 자치단체가 정할 일입니다만, 그것을 위한 가이드라인을 국가가 결정해 주고, 그것을 보여 주어야 한다고 봅니다. 단순하게 지방에서 결정하라는 방식은 안 된다고 봅니다.

우라노: 그건 그렇습니다.

스즈무라: 저는 사회적 선택 이론을 전공하고 있습니다. 이 분야에서는 그룹 전체 의사결정을 그 그룹을 구성하는 사람들의 의견 통합을 통해 형성하는 과정 혹은 규칙을 연구 대상으로 하고 있습니다. 하마다 선생님도 우라노 선생님의 말씀 속에는 제 연구 분야에 관련된 아주 중요한 문제점이 들어 있습니다.

이해 조정인가 판단의 집약인가 그 문제점은 기본적으로 두 가지입니다. 첫 번째 문제는 그룹의 의사결정을 위해 통합하는 의견이란, 그룹을 구성하는 사람들이 각각 추구하는 이해인지 그렇지 않으면 그룹 전체로서의 결정은 '정당한 것이라는' 의견이라고 구성원들이 이성적으로 판단하는 것인가라는 문제가 있습니다. 전자의 의미 즉 사회적인 통합 문제란 단적으로 말씀드리면 이해관계자 stakeholder들의 개별 이해 조정이라는 문제입니다. 이에 대조적으로 후자 쪽의 의미 즉 사회적 통합 문제란, 사회적 결정으로서의 정당성에 관한 다양한 구성원들의 이성적 판단을 집약하여 넓은 시야를 가진 사회적 판단을 숙려한 후 형성하는 문제입니다. '개별적 이해 조정'과 '이성적 판단의 집약'은, 구성원 오피니언의 사회적 통합이라는 의미에서는 하나로 생각할 수 있지만, 실제 생활에서는 본질적으로 통합 문제라고 생각합니다.

멤버십의 문제 두 번째 문제는 사회 전체가 약속할 수 있는 결정을 구상할 때 이해 쪽이든 판단 쪽이든 그 의견들을 고려하는 구성원들의 범위를 어떠한 원칙에 근거하여 결정하는가, 그리고 구성원의 의견을 집약하는 과정 혹은 규칙을 누가 관리하고 최종적으로 결정하는가라는 문제입니다. 일본에서는 예를 들어 하나의 문제를 해결하기 위해 사회적으로 선택을 결정할 때 관할청이 심의회 구성원을 선임하고, 심의를 부탁하는 것이었습니다만, 실제로는 심의회 구성원이 표현하는 의견을 집약하는 것도, 국회에 제출하는 접안 원형을 작성하는 것도, 모두 관할청이 사무국으로 하는 경우가 통례였습니다. 이 심의회 방식의 결정 방식에서는 심의회 구성원 선출뿐만 아니라 책임자 선출까지 관할청에서 관리하는 것이 통상적인 법칙이었습니다. 위기 관리에 관한 공공적 선택 절차로서 이러한 기존 심의 방식은 명백하게 잘못된 것입니다. 또한 과학적인 전문 지식을 결집하여 극복해야 할 위기에 직면했을 때 일부 측근들의 말만 듣고 마음이 편한 조언에 기대어 의사결정을 수행하는 수상에게 위기 대응의 운전대를 맡겨서는 안 된다는 걱정을 가진 국민들이 결코 적지 않을 것입니다.

일본사회의 의사결정 제도 재검토 좀 멀리 돌아오는 발언이었습니다만, 문제를 이렇게 정리하여 원칙적인 재검토를 실시하지 않으면 안 되는 것이 동일본대지진 이후의 공공적 선택 혼란의 교훈을 통해 일본사회의 의사결정 제도를 재설계하는 것이 필요하다고 생각합니다.

적어도 학술 지식을 사회 복지 개선 방법을 이끌어 가기 위해서는 조금 돌아가는 길을 싫어하지 말고 원칙에 따른 토론을 관철할 필요가 있다고 생각합니다. 논점을 구체화하기 위해 이해 쪽이든 판단 쪽이든 공공적 선택을 할 경우에는 그 의견들을 고려하여 구성원을 결정하는 원칙에 문제의 초점을 맞추어 한 발 더 깊게 토론해 보았으면 합니다.

'전문지식'의 중요성 정보 공개와 참가의 권리에 대한 평등한 분배를 중시한다면, 공공적 의사결정을 행할 때에는 모든 의견 제안자들에게 평등하게 의사 표시를 할 수 있는 기회를 주어야 한다고 생각할지도 모릅니다. 그러나 GATT/WTO의 회의를 보면 다국간 협정에 반대하는 NGO가 대거 참가하여 다자간 각료회의에 의한 규칙 구성을 불가능하게 했던 경위를 생각해 보면, 모든 의견 제안자를 구성원으로 하여 공공적인 의사결정을 행하는 것은, 불가능하다는 것을 알 수 있습니다. 그래서 위기 관리에 관한 공공적 의사결정 문제에는 많은 전문가들의 지식을 결집하여 그들 의견 통합을 이루어 내는 장면이 많이 있습니다. 이럴 경우 문제는 전문적 지식의 담당자를 어느 범위까지 설정하여 사회적 통합의 장에 등장시킬 것인가라는 것입니다.

고도의 전문성을 갖춘 학술적 지식이나 오랫동안의 행정 경험을 통해 얻은 지식 담당자들 입장에서는 오피니언들이 표명하는 기회가 비교적 용이하게 인정될 것 같습니다만, 이러한 범위를 넘는 전문 지식을 존중하는 경우도 있기 때문입니다.

전문가는 누구인가　구체적인 예가 있으면 이해하기 쉬울 것 같아서 말씀드립니다. 영국의 예를 들어 보겠습니다만, 체르노빌 원전 사고 이후 컴브리아Cumbria 지방에 있는 핵연료 처리 시설을 둘러싸고, 방사능 오염 문제가 분출되었습니다. 당초 정부 발표에서는 이 방사능 오염은 체르노빌의 원전 사고의 영향으로, 공기 중의 방사능이 내려앉은 것이지 자국의 핵연료 재처리 시설에 기인한 것이 아니라고 하였습니다. 과학자들에 의한 측정도 이 정부발표를 지지하는 것처럼 보였습니다. 그렇지만 정부 발표와 과학자들에 의한 측정 결과에 대해 컴브리아 지방의 축산농가로부터 맹렬한 비판이 있었습니다. 양 목축에 종사하는 축산 농가는 컴브리아 지방 구릉 지대를 이동하면서 목초를 먹는 양의 습성에 관한 한 어느 누구보다도 잘 알고 있었고, 당연히 정부기관의 과학자보다도 더 현실적으로 알고 있었습니다. 전문적 지식을 가진 사람이라 하더라도 방사능 측정에 관여한 과학자들이 양의 습성과 관계없는 관측에서 얻은 결론은 아무리 좋게 해석해도 '잘못된 선택'이었으며, 나쁘게 말하면 작위적인 것이었다는 것이 이 비판의 중요 내용입니다.

이러한 경위를 참고하면, 공공적 의사결정에 즈음하여 전문적 지식을 활용하는 것이 당연하다면, 학술적 지식과 행정 지식에 새롭게 생활체험에 근거한 경험적 지식도 전문적 지식의 중요한 일부로 보아야 할 필요가 있다는 주장이 과학사회학 분야에서 커다란 논쟁으로 벌어지는 계기가 되었습니다. 이 논쟁은 금후의 위기 관리를 생각할 때 전문적 지식을 어떻게 활용할 것인가라는 문제에 대해 중요한 시사점을 주는 것은 아닐런지요.

국가에 의지하는 방식의 오류 **오카**: 중앙과 지방의 이야기가 나왔습니다만, 그 이외에도 몇 가지가 더 있다고 생각합니다. 그 하나는 역시 강한 규제라고 할 수 있습니다만, 권한이 있는 곳에 책임이 있는 것이니까 지금 원자력규제청을 만들려고 하고 있습니다만, 그것은 역시 국가 제도 아래에서 제대로 행사되어야 하며 지금까지처럼 이랬다저랬다 해서는 곤란하다고 생각합니다. 좀더 넓게 보면 국가를 너무 믿는 사고도 버려야 한다고 생각합니다. 현재 일본의 전체적인 구조들이 무리가 너무 많이 가 있고 현재 한계에 와 있다고 생각합니다.

스즈무라 선생님께서 말씀하신 부분과 동일한지 어떨지는 모르겠습니다만, 요컨대 일본은 국가가 에너지 정책을 포함한 모든 것을 결정해 버리는 형태로 되어 있으며, 국민도 이를 너무 믿어 왔던 것 같습니다.

이번 후쿠시마 사고라든가 지진 처리 문제도 역시 위에서 결정해 가는 형태를 취했습니다. 그러나 행정의 의사결정이 너무 늦어서 현지인들에게 아주 곤란함을 준 것을 많이 보았습니다.

또 하나는 예를 들어 그 지방 사람들의 방사능 제거 작업을 보아도, 결국 방사능 제거 작업을 끝낸 토지를 어떻게 할 것인지가 문제가 됩니다. 전문가에게 정보를 받아 잘 이해를 한 지역에서는 문제가 순조롭게 진행되었지만, 국가가 책임을 지는 곳은 너무 늦어졌었습니다.

행정에 피드백하는 것　앞서 '피드백' 장치를 만들어 내지 않으면 안 된다고 말씀드렸습니다. 우리들은 언제나 구체적인 개별 문제와 그 대처법을 논의해 왔습니다만, 그것이 아니라 그것은 우선 당사자나 권한을 가진 책임 있는 전문 집단에서 그것을 맡겨 전체적으로 그 결과가 순조롭게 진행되는가 그렇지 않은가를 체크하여 예산이나 수당으로 피드백 하는 장치를 행정을 비롯한 여러 곳에 만들어 가지 않으면 안 된다는 것입니다. 다시 말해서 전문가와 현장, 중앙과 지방 사이에서 순조롭게 피드백이 잘 돌아가는 그러한 조직을 일본 사회에 짜 넣어 만들어 내는 것이 중요하다고 봅니다. 그러한 장치 조직이 없는 곳에서 개별적으로 한다면 지금까지의 경험에 비추어 보면 오히려 나쁜 방향으로 흘러가는 경우가 많은 것 같습니다. 와세다대학과 같은 커다란 대학에서는 여러 방면에 졸업생이 있으며, 이공계도 문학 계통도 매우 강하기 때문에 그러한 곳에서 피드백 장치를 생각하여 일본을 변용시켜 가는 계기를 만들 수 있지 않을까 생각해 봅니다.

그것이 지금까지의 경험을 통해 결코 쉽지 않은 것이라는 것을 물론 잘 알고 있습니다. 이번 사고 배경을 들여다보면 행정 개혁 과제가 크다고 생각합니다만, 결코 행정개혁만의 문제는 아니라고 생각합니다. 국민 의식의 문제도 있으며, 풍문 피해 같은 것은 행정만의 문제는 아니기 때문에, 전체적 구조의 문제로서 피드백을 어떻게든 처리하지 않으면 일본의 앞날은 보이지 않을 것이라고 생각합니다. 이것은 공학만으로도 해결할 수 없는 일이라고 봅니다.

터부를 만들어서는 안 된다 또 하나만 말씀드리면, 앞의 화제로 돌아갑니다만, 제 자신의 반성이기도 합니다. 실은 이전에는 원자력 관계자들에게 강연회에서 노심용해 사고에 대해서 이야기를 하면 그 강연장이 수군수군했었습니다. 그러한 발언을 하는 것 자체가 매우 예외적인 것이었습니다. 왜 그러냐 하면 역시 그 지역 사람들의 이해라는 것이 있어서 그것에 제 자신을 포함해서 서로 눈치를 보는 영향을 받고 있어서 그것을 제대로 생각하거나 혹은 토론하는 경우가 없었던 것입니다. 그래서 역시 토론을 할 수 있도록 자리를 만드는 것이 중요하다고 봅니다.

이러한 것도 영향을 주었다고 생각합니다만, 제 자신도 노심용해 사고 문제를 피해 왔다고 생각합니다. 문제를 무의식중에 피하거나 생각하려 하지 않았다는 것이 문제였다고 제 자신도 커다란 교훈을 얻었습니다. 이것이 노심용해 사고에 대응하지 못했던 원인이 아닐까 생각합니다. 원전 사고가 발생하고 난 후 유럽이나 미국에서의 상황을 다시 조사해 보면, 그들은 노심용해 사고 대책이나 연구를 확실하게 하고 있는데 부끄럽게도 일본은 그것을 이해하고 있지도 않았다는 것입니다. 9·11과 같은 테러 대책을 생각하는 것은 노심용해 사고 대책에 크게 도움이 된다고 말합니다. 원자력발전소 테러 대책이 중요하다는 것은 미국으로부터 세계 각국에 전달됐고 물론 일본에도 그 소식이 전달되었습니다. 그러나 전달되어 오기는 했습니다만, 일본은 이에 확실한 대응을 하지 않았다고 말합니다.

나중에 생각해 보면 여러 곳에서 이번 사고는 막을 수 있었을지도 모릅니다만, 역시 무의식적으로 이를 피해 온 것이 결과적으로 가장 위험한 것이었다고 생각합니다. 에너지 문제도 피하지 말고 확실하게 문제의식을 가져야 한다고 생각합니다.

리스크에 대응하는 유럽과 미국의 차이 **하마다:** 그것은 앞서도 말씀드렸습니다만, 리스크에 대한 사고방식이 일본과 유럽, 미국과 전혀 다르다는 생각이 듭니다. 하나 예를 들면, 가와자키川崎의 공장 지역에 외국 자본 계열 석유회사가 있습니다만, 제가 건축회사에 근무했었을 때, 벌써 30년 전 이야기입니다만, 그 공장은 액상화 대책을 실시하고 있었습니다. 미국의 대표자가 일본에서 석유정제 공장을 만든다고 한다면 그 대책을 실시하라고 했던 것입니다. 그렇지만 그 옆에 있던 일본의 정부자본 투자 공장은 지금까지도 아무것도 하고 있지 않습니다. 눈을 감고 있고 보려고 하지 않으며, 만져 보려고 하지 않습니다.

오카: 그렇습니다. 지진 대책은 국가의 책임이라고 생각합니다만, 실제로는 그렇지 않고 자신이 할 일도 많이 있습니다. 도쿄전력도 전부 책임이 있는 것이 아닐 수도 있습니다만, 할 수 있는 일을 잘 관찰해서 살펴보고 대응했었어야 하는 것이 아닐까요. 하마다 선생님의 지적은 매우 중요하다고 봅니다. 게센누마의 쓰나미 재해 지역은 도쿄만의 화력발전소가 점지하고 수도로서의 역할이 붕괴될 가능성도 있습니다.

하마다: 대응책을 확실하게 갖추게 하기 위해서 장래의 지진에 대한 과학적 검토를 쌓아 가 리스크를 분명하게 밝혀 내지 않으면 안 된다고 생각합니다.

전원: 진정으로 그렇게 생각합니다.

하마다: 단 그에 대한 정치나 행정의 반응은 싸늘합니다. 반응이 없습니다. 정치가에게 이야기를 해도 눈을 감으려고 하는지 피해 가려 합니다.

오카: 아마도 일본 열도는 매우 큰 지진과 화산 활동이 일어나는 시기로 들어간 것 같은 느낌입니다. 이번 쓰나미는 데이칸 시기의 쓰나미의 반복이라고 말합니다만, 데이칸 시기에 벳부에서 분화가 있었다고 합니다. 그러니까 지진과 쓰나미가 일어나는 시기가 아닌가 싶습니다. 저는 전문가가 아니니까 추측으로 말씀을 드리는 것입니다만, 만약에 그렇다면 여러 가지 상정을 통해 대책을 강구해 가지 않으면 안 된다고 생각합니다. 일본의 산업 활동이 멈추는 것이 긴 안목에서 보면 가장 위험한 일 같습니다.

리스크 인식의 성숙도 **우라노**: 아마도 주민들 측에서도 '제로 %의 리스크'를 요구하고 그것을 만족시키지 못하는 사태라면 정부를 외면할 것입니다. 제로인가 100%인가라는 선택지는 매우 알기 쉽다고 할까요, 아주 간단하게 대응할 수 있습니다. 원자력도 그렇습니다. 옛날 같으면 현지에 가서 '가능성은 적어도 위험성이 있다'고 말하면 곧바로 주민들이 반발해 옵니다. 그렇다면 필요없습니다라는 것입니다.

그렇기 때문에 그러한 인식에 대한 성숙함이 문제라고 생각합니다. 분명히 리스크를 접하면서 살고 있지만, 그 리스크에 어떠한 대책을 조정하고 대처해 갈 것인가라는 그 문화가 배양되지 않았다고 생각합니다.

원자력의 경우는 특수한 상황과 역사성을 갖고 있습니다만, 예를 들어 쓰나미 피해 경우에 완벽한 시나리오로 쓰나미 예측 시뮬레이션을 보여 주면, 방조제를 높게 만들어 주면, 자신들은 보통 때 그것을 생각하지 않아도 괜찮다는 생각이 커져 주민들의 의식은 순간적으로 그쪽으로 가게 됩니다.

과소 지역과 고령화 지역의 경우 그렇게 되면 고령화에 직면한 지역에서는 높은 방조제 건설이 지역산업의 진흥과 맞추는 것이 된다고 하지만, 그것은 결과적으로 지역의 장점이나 아름다운 미력을 깍아 지역 장래성을 그려 내지 못하는 것은 아닌가라는 커다란 지역 과제를 남기는 것으로 연결된다고 생각합니다. 다시 말해서 결국 높은 방조제만 계속해서 만들어 간다고 한다면 그것에 국가예산

대부분이 투입되어 지역 활성화나 진흥을 위한 예산, 더 나아가 지역 특화를 위해 투자해 가는 것이 재정 운영상 가능할까라는 의문이 든다는 것입니다. 실제로는 과소화 지역 경우에 지역의 진흥과 활성화를 지속적으로 진행해 가는 사회 만들기 쪽이 그들에게는 중요하고, 그것이 가능한 상태에서 지역 생활의 안전 환경을 만들어 갈 것인가를 함께 생각하는 것이 지역사회 전망을 만드는 데 중요하다고 생각합니다.

복구나 부흥을 위한 재원이 결과적으로 방조제 등의 시설 정비에 사용되어 버린다면 그것은 지역사회 입장에서는 매우 심각한 사태라고 생각합니다.

역시 사회 쪽이 리스크를 인식하고 그것에 어떻게 대응해 갈 것인가, 그러한 대응에 재정적 기반도 고려하여(약간의 리스크를 받아들이면서) 본격적으로 생각해 가는 문화를 배양해 가지 않으면 안 되고, 그것은 우리들 연구자도 지역 수준에서 어떠한 형태로 관여할 것인지도 이야기해 갈 필요가 있다고 봅니다.

평상시법과 긴급피난 장치 **스즈무라**: 모처럼 만의 기회이니 지금까지 논의 대상이 아닌 문제도 조금 이야기를 나누었으면 합니다. 일본의 제도적 틀을 동일본대지진의 경험을 통해 재설계하고 재구성하는 문제 측면에 대해서는 앞에서 이야기가 나왔습니다. 지적하신 것처럼 이것은 과학 문제, 기술 문제이기도 하면서 동시에 사회 시스템 문제이기도 합니다. 일본의 사회 시스템을 어떻게 다시 고칠 수 있는가라는 점이 매우 중요하다는 이야기가 있었습니다. 저도 그

점에는 이론이 없습니다만, 모처럼 가마타 총장님도 계시고 하니, 좀더 구체적인 법에 관련된 문제를 여쭈어 보고 싶습니다.

저는 동일본대지진 이후 작년 4월부터 9월까지 케임브리지 대학에서 연구년을 보냈습니다만, 귀국 후 바로 지진 피해지를 방문하였습니다. 이미 6개월이 경과했음에도 불구하고 아직 손을 대지 못한 채 남아 있는 것을 보고 경악을 금치 못했습니다. 그 일례는 바로 기와 등을 포함한 잿더미들을 치우고 난 후의 빈 공터가 존재했고, 또한 사람이 거주하는 마을에 식료품 가게가 하나도 없으며 이동 판매 트럭이 제공하는 공급품에 의존하여 생활하고 있는 모습이었습니다. 많은 물품들을 필요로 하고 있음에도 불구하고 대형가게 하나 제대로 만들지 못하고 있는 것은 대규모 소매업 점포법에 의한 규제 때문이라는 설명을 듣고 저는 말문을 닫았습니다. 점포법이라고 하면 1990년대 초기의 미일구조협의 망령과 같은 법안으로 현재까지도 그 대규모 소매업 점포법 눈치를 보고 있는 것 자체가 놀라웠던 것입니다. 제가 특히 이해할 수 없었던 것은 평상시법인 가게 설립 참가 규제법이 돌발적인 대지진이라는 자연재해에 곤경에 처한 사람들의 생활필수품 구입 접근 기회를 방해하는 역할을 하고 있다는 부조리였습니다.

대규모급 점포법은 일례에 지나지 않습니다만, 긴급피난적인 비상시에 효율성이나 형평성, 법 앞의 평등이라는 평상시의 원칙을 기계적으로 적용할 필요가 있는가라는 저로서는, 이해할 수 없는 것이었습니다. 법률 전문가는 이러한 소박한 의문에 어떻게 대답을 할 수 있을까요.

'위기 대응 제도'에 동반된 문제　**가마타**: 법률 세계에서는 평상시의 법률 제도 이외에 위기 상황에서의 대응을 위한 법원리를 가지고 있습니다. 국제법에서도 평상시의 국제법과 그 이외의 전시戰時 국제법이 있으며, 시민생활에 관련된 법 속에도 평상시의 일반 원칙과 예외로서 긴급피난이나 정당방위라는 이원론을 갖고 있습니다.

대규모 점포법(대규모 소매업 점포에 소매업 사업 활동 조정에 관한 법률, 1973년 10월 1일, 법률 제109호)은 점포 면적 500제곱미터 이상의 대규모 점포에 대해서 상업 활동 조정을 통한 출원 점포 규제를 실시해 왔습니다만, 대규모 소매점포 입지법(1998년 6월 3일 법률 제91호)에 의해 점포 면적을 기준으로 한 상업 조정은 폐지되었습니다. 상세한 것은 충분하게 말씀드리지 못하겠습니다만, 자치단체가 특별한 규제를 설정하고 있다면 직접적으로 지장이 되는 것은 새로운 법률에 의해 대규모 소매업 신설 신청서를 제출하는 것을 공고하고, 종람하여, 의견 청취 등의 수속을 밟도록 하고 있다는 점, 그것을 통해 설치자는 신청서를 받고 8개월 동안에 신설을 기다리도록 하고 있다고 생각합니다(같은 법, 5조).

분명히 스즈무라 선생님께서 말씀하신 것 같은 비상사태 시에는 이러한 수속 절차를 생략하여 긴급피난적인 대응을 하는 것이 합리적이라고 생각합니다만, 행정청의 자의적인 운용이라는 비판을 받을 수 있어, 이를 걱정하지 않고 대응할 수 있는 것이 가능해지기 위해서는 그것을 허용하는 규제가 있어야 한다고 생각합니다. 그러나 개별 법률에 하나하나 이러한 종류의 예외적 규정을 마련하는 것은 매우 곤란하기 때문에 포괄적으로 위기 대응이라는 것에 대한 허용 법률을 입법하는 것, 즉 내각총리대신이 표현한 '모든 법률을 무시하고'라는 말이 좋았는지 어떤지는 모르겠습니다만, 위기 대응을 위해 필요한 조치를 강구하는 권한을 가진 것 같은 법을 만드는 것이 고려될 수 있습니다. 그러나 위기 대응의 전형은 전쟁에 대한 대응이기 때문에 위기 대응 권한 부여는 계엄령에 연결되는 것입니다. 일본의 경우 계엄령 발상에 대한 매우 강한 경계심이 있기 때문에 위기 대응 입법도 제안되기도 했습니다만, 필요한 최저한의 법률을 엄격한 요건하에 조금씩 만들어 오고 있습니다. 결과적으로 위기 대응 입법적인 정비는 늦어지고 있다고 말해도 할 수 있습니다.

현행 제도하에서는 더욱 유연한 운용이나 해석으로 대응할 수 있는 부분이 있다고 생각합니다만, 일반론적으로 말해서 명확한 법적 근거가 없다고 행정청은 대응하기 어렵다고 생각합니다.

피해자의 기대에 신속하게 대응하는 제도 **스즈무라**: 평상시와 전시는 다른 법률을 준비하고 있다는 것은 잘 이해가 됩니다만, 전시라고까지는 할 수 없어도 이번과 같은 비상사태 때에는 피해지 우선이라는 신속한 구조가 필요한 상황이었다고 생각합니다. 이러한 경우에 피해자가 일본의 법률 구조 논리로는 구조를 받지 못한다는 고립감에 시달린 사태는 다시는 있어서는 안 될 것이라고 저는 생각합니다.

하마다: 쓰나미로 파괴 된 집과 가재 도구 잔해 처리도 그러합니다만, 그 잔해 처리는 자치 현縣에서 실시하도록 되어 있기 때문에

자치 현 사업자밖에 일을 할 수 없다는 것 때문에 상당히 작업이 늦어졌습니다. 중앙 건설업자가 참가했으면 좀더 빨리 진척되었을 것이라고 생각합니다만, 역시 법률 벽이 높다고 생각합니다. 부흥 사업도 그렇습니다. 부흥 사업이 늦어지는 것도 역시 입찰이라든가 공평성이라는 문제가 벽이 되어 좀처럼 진행되지 않고 있습니다.

우라노: 가설 점포가 만들어지기 시작한 것이 10월 중순경이었습니다. 이번은 부흥 가설 점포가 피해지 자치단체에서 많이 만들어져서 꽤 유행하기도 했습니다만, 거기까지 오는 과정도 보통 힘든 것이 아니었습니다. 정말 일상생활 수요에 대응하지 못했었습니다.

스즈무라: 지진 후 6개월이 지난 시점이었으니까 꽤 늦은것이고 매우 유감스러운 일이라고 생각합니다.

오라노: 피난소에서 생활하는 동안은 구조물자가 지급됩니다만, 그 이외에도 여러 가지 생활필요품에 관해서는 지급 공백이 길어서 만족스럽게 생활용품을 손에 넣을 수 있는 상태가 아니었습니다.

가마타: 편의점만 기능하고 있었던 시기도 있다고 들었습니다.

우라노: 그렇습니다. 편의점은 아주 중요한 거점이었습니다.

위기 관리 제도를 어떻게 만들까 **하마다**: 미국이나 한국에는 위기관리청이 있다고 합니다. 일본도 민주당이 공약으로 위기관리청 설립을 내걸었습니다만 전혀 실체가 안보 였습니다. 아무것도 하지 못하고 끝났습니다. 미국의 위기관리청에는 법적 권한이라고 해야 하나요 그것이 존재합니다.

우라노: 예, 존재합니다. 꽤 큰 권한이 부여되어 있습니다. 게다가

최근에는 긴급 대응뿐만 아니라 복구나 부흥까지 일괄하여 실시한다는 자세로 피해지를 돌보는 형태로 운영됩니다.

행정 권한 집중이나 초법규적 행위의 경계 **가마타**: 고전적인 근대법은 행정권의 범람을 방지하기 위해 행정은 법률적인 근거가 없는 것은 해서는 안 된다는 것에서, 행정권의 행사를 제한하는 것을 기본적 이념으로 해 온 것이라고 생각합니다. 그러나 현대사회는 행정은 적극적이고 다양한 역할이 기대되는 시대이므로 행정권 행사가 가능한 장면과 행사 양상을 개별적으로 열거하는 것은 어려운 일이라는 것도 말할 수 있습니다.

여기서 적정 수속을 밟게 하는 것으로 정당성을 확보하는 장면이 증가하고 있습니다. 그러나 앞서 언급한 대규모 소매업 점포 입지법의 예도 그렇습니다만, 위기 대응 긴급성이 높아지면 높아질수록 엄격한 수순을 밟는 것이 장애가 된다는 의견이 있기 때문에 이러한 측면에 대해서도 대응을 생각하지 않으면 안 될 것입니다.

위기 대응을 이유로 한 권한 집중이나 초법규적 행위 허용에 대해 일본 법률은 매우 억압적인 자세를 유지하고 있습니다. 이 점에 대해서는 신중하게 생각할 필요가 있다고 생각합니다만, 재해대책기본법 속에 일정 상황 아래에서의 특별한 조치가 취해질 수 있도록 한다든가, 그러한 대응 방식도 가능성으로서는 있다고 생각하기 때문에 더 다면적인 검토가 필요하다고 생각합니다.

시민이 리스크를 해독하고 개념화하기 **우라노**: 지금까지 나누어

온 이야기들을 내용을 조금 다른 각도에서 보면, 지금까지는 여러 가지 리스크를 발견하여 그것을 가시화해 가는 과정이 중요하다고 논해 왔습니다. 그렇지만, 지금부터 그와 동시에 그렇게 가시화된 것을 어떻게 해독해 갈 것인가, 사회적인 합의를 읽어 낼 수 있을까 라는 부분이 매우 중요해진다고 생각합니다. 예를 들면 쓰나미 시뮬레이션이라든가 지진 시뮬레이션을 보고, 그렇게 가시화된 예측 정보를 자신이 사회 속에서 어떻게 취하고 활용해 가면 좋은가라는, 그러한 해독이 가능한 능력이 중요하다고 생각합니다.

다시 말해서 지금부터는 그러한 시뮬레이션의 이용 방법이라든가, 이해 방법을 배워 가는 것이 매우 중요해진 것 같고, 대학에서도 교육기관이라는 점을 활용하여 가시화된 것을 읽는 방식을 학생들에게 가르침과 동시에 개념을 학생들과 공유해 가는 것으로 시민사회의 개념 만들기에 공헌한다는 책임을 담당할 필요가 있다고 생각합니다.

지진 경험을 국제적으로 전달 **하마다**: 대학의 책임이라는 측면에서 말씀드리면, 국제적인 면도 중요하다고 생각합니다. 지금 와세다대학에는 유학생이 매우 많습니다. 제 연구실에도 방재 관련 유학생이 7명 정도입니다. 이번 지진을 계기로 우리들이 무엇을, 어떻게 세계적으로 발신할 수 있는가를 생각해야 한다고 봅니다. 그들도 그 일원이라고 생각합니다만, 그것을 실천해 가지 않으면 안 된다고 생각합니다.

일본이 어떻게 대지진이나 원전 사고의 교훈을 발신하는가. 해외에서는 주목하고 있으며, 기다리고 있다고 생각합니다. 그러나 지금은 매우 불충분한 상태입니다. 아직 혼란 상태에 있으니 조금 더 시간이 걸릴 것 같습니다만, 우리들은 이번 재해를 통해 지금부터 무엇을 해 갈 것인지를 세계로 발신하고 싶습니다. 일본의 방재 기술은 이러한 문제를 만났고, 이러한 문제가 있었지만, 이러한 힘을 갖고 있으며, 세계에 공헌하고 싶은 기술이 있다는 것을 말입니다.

원자력도 그렇다고 생각합니다. 사고 경험을 살려 우리들은 이렇게 생각하고 있다는 것을 발신하고 싶어집니다. 그것이 대학의 역할이라고 생각합니다.

우라노: 단 방재 기술이나 원자력발전소 제어 기술뿐만 아니라 그것을 어떻게 사회에서 수용해 가는지 대응할 수 있는지 대응하지 못했는지 그러한 것들도 함께 해외에 발신하지 않으면 효과가 없을지도 모릅니다.

일본의 방재 기술이라는 것이 선진적이라고는 생각합니다만, 그러한 방재 기술을 인간은 어떻게 이해하고 이용하여 사회 속에서 그것을 재차 선택해 가는지를 사회 체제 속에서 만드는 방식도 있다는 것도 포함해서 문화적인 발신이 된다면 더 좋다고 생각합니다.

위기 대응 과정에서 학습 **스즈무라**: 하마다 선생님이 말씀하셨습니다만 와세다대학에서 배우는 외국인 유학생을 경유하여 대지진이나 원전 사고 교훈을 국제적으로 발신해 가는 것은 매우 중요하다고 생각합니다. 특히 학문적으로 정리된 정보 발신과 별개로 문제 해결을 위해 직접 참가하고 카오스 상태 현장에서 문제 해결 시나리오를 그려 보는 연습 과정을 실제 체험할 수 있는 것은 교과서 학습에서는 배울 수 없는 경험 이양이 가능해서 둘도 없는 교육이 될 것이라고 생각합니다.

하마다: 저도 처음에는 우리들이 카오스 상태에 있다는 것을 학생들에게 알려지는 것을 두려워했습니다. 그렇지만 역시 선생님의 말씀대로라고 생각합니다. 혼란 상태이니까 어떤 해결책을 도출해 낼 수 있을까, 그 과정을 보여 주는 것은 중요하다고 생각합니다. 단, 우리들이 학생이나 차세대를 짊어질 젊은이들이에게 커다란 짐을 남긴 것은 확실하다고 생각합니다. 그것을 솔직하게 인정하고, 우리들 세대에서 해결할 수 있는 것은 전력을 다해 해결하지 않으면 안 될 것입니다.

스즈무라: 그렇다고 생각합니다.

'인명'이라는 원점 **우라노**: 혼란 상황 속에서도 무엇이 가장 중요한가라는 원점을 제대로 인지하고, 해결책을 탐색해 가는 자세를 보여 주는 것이 중요하다고 생각합니다. 쓰나미 피해 시에도 그랬습니다만, 역시 마지막은 인명입니다. 사회를 설계할 때도 무엇이 중요한가 하면 역시 재산보다도 인명입니다. 재산 문제는, 예를 들면 시장원리를 이용하여 보험을 잘 살린다든가, 그런 방식으로 대응이 된다고 봅니다. 그렇지만 인명은 말 그대로 하나밖에 없기 때문에 마지막까지 지켜야 한다고 생각합니다. 그러니까 설계를 할 때에는 이 부분만은 '상정 밖'이라는 표현을 해서는 안 된다고 생각합니다.

하마다: 말씀하신 것처럼 '상정 밖'이라는 말을 우리들은 사용해

서는 안 된다고 생각합니다. 그런 말은 있으면 안 된다고 생각합니다. 그러니까 '분명한 선을 긋고'라는 말로 바꾸어야 한다고 생각합니다. 그러니까 선을 넘었을 때 어떻게 할 것인지를 생각해 두지 않으면 안 될 것입니다.

원자력 안전 규제의 전문가 육성 **오카**: 원자력 전문가 육성이라는 의미는, 대학에서 원자력공학 교육을 기초로 하고 이를 기반으로 하는 교육이 필요합니다만, 그것은 충분치 않다고 생각합니다. 또한 이 이후의 교육이나 훈련이 필요하다고 봅니다. 예를 들면 발전소 같은 것은 설계에 따라 달라지는 것이기 때문에 규제를 하기 위해서는 그것을 자세하게 이해하고 있지 않으면 안 되고, 규제 법률도 알지 못하면 안 됩니다.

그것은 시간이 많이 걸리는 작업입니다. 또한 현재 일본에서는 원자력 안전규제 전문가가 정말 너무 적다고 생각합니다. 미국의 원자력안전위원회에서는 박사학위를 가진 사람이 무척 많습니다. 미국과 같은 전문가 양성 과정을 만들 필요가 있다고 생각합니다. 원자력 중에서도 할 수 있는 부문을 확실하게 교육해 두어야 합니다만, 풍문 피해 문제와 같은 문제는 이공계에 맡겨 두는 것이 아니라 인문사회 계열도 포함한 넓은 연계 교육이 필요하다고 생각합니다. 풍문 피해 문제는 정확하게 연구하고 분석하여 피드백하는 시스템을 만들어야 한다고 생각합니다.

지금 와세다대학 오픈교육센터에서 하나의 분야만이 아니라 분야를 넘는 교육 프로그램이 있습니다. 와세다 온라인도 있습니다.

그리고 교육에 의견이 서로 달라도 괜찮다고 생각합니다. 학생들에게 근거성이 있는 것을 전달하는 것이 중요하다고 생각합니다.

일본인은 좋아한다거나 싫어하는 것이 분명해서, 어느 한쪽으로 기운다고 생각합니다. 특히 일본이 지금까지 공동체사회였기 때문에 공동체 사회 운영에서 가장 쉬운 것은 좋은가 싫은가로 운영하는 것이기 때문에 더더욱 그러했다고 생각합니다. 미국과 같은 경쟁사회에서는 좋아하는가 싫어하는가만 판단해서는 살아갈 수 없기 때문에 그러한 의사결정법은 없다고 생각합니다.

싫고 좋음이라는 이분법의 초극 일본은 지금까지 그것을 잘해 왔는지 모르겠습니다만, 국제적인 상황에서 일본이 살아남으려고 할 때 일본이 국내 공동체에만 갇혀 있지 않으려면, 좋은가 싫은가라는 사고를 고쳐 가지 않으면 치열한 경쟁이 존재하는 국제사회에서 패자가 될 수도 있다는 것을 말씀드립니다. 지금까지 화제가 되지 않아서 일본인의 장점이기도 하지만 결점이라고 생각하여 말씀드립니다.

그리고 지금까지의 대화 속에서 언급되지 않은 것은 에너지 문제인데, 실은 원자력발전소 문제가 발생하는 바람에 국민들은 분노를 느끼고 있습니다. 원자력 문제를 좋은가 싫은가의 문제로 생각하는 사람들이 많습니다만, 말씀드리고 싶은 것은 에너지 문제를 좋은가 싫은가의 문제로 생각하는 것은 위험하다고 생각합니다.

에너지 이야기 자체는 오늘날 오늘의 화제가 아닐지 모르겠습니다만, 제가 집필을 했습니다. 이것은 항상 전쟁이나 분쟁이 되는 문제입니다만, 실제 그러한 것이 현재도 일어나고 있으며 역사적으로도 발생했습니다. 지금 일본의 에너지 자급률은 4%이니까 일본은 진정으로 독립국이라고 말할 수 없다고 저는 생각합니다. 그것은 좋아하는가 싫어하는가의 문제가 아니라 조금 더 합리적으로 생각했으면 하는 것이 제 희망입니다.

쓰나미와 원전 이외의 문제점 **우라노**: 이번 동일본대지진에서는 쓰나미 이야기가 크게 부각되었습니다만, 그것에 너무 주목하다 보니 지진 자체에 의한 피해라든가 다른 요소에 의한 피해 부분에 대한 관심이 적은 것은 아닌가, 쓰나미에 비해 상대적으로 관심이 적은 것은 아닌가 하고 생각합니다.

에너지 문제를 생각할 때도 그런 경향이 좀 있어서 원자력발전소의 위험성에 주목한 나머지 상대적으로 자원 고갈이나 환경오염 리스크 문제를 조금 경시하는 경향이 있었다고 생각합니다. 그 분야까지도 포함해서 냉정한 판단을 한다는 자세를 가져야 하며 동시에 장기적인 전략도 충분히 생각하면서 리스크 문제도 고려해 간다는 형태로 대응하는 것 자체를 구상하는 좀더 성숙한 사회 모습 즉 토론 방식이나 문화 양상도 만들어 가지 않으면 안 된다고 생각합니다.

냉철한 토론의 장소 대학 대학이 사회에 공헌할 수 있는 역할이란 교육이라는 면에서도 연구라는 면에서도 이러한 부분의 수준을 높여 가는 것으로 그러한 토론이 냉철하게 이루어지는 조건을 만들어 가는 것이 아닌가라고 생각합니다. 그러한 역할을 자각적으로 인식하고, 노력을 경주해 가는 것이 대학에서는 필수적인 것이라고 생각합니다.

해안 지역 공장지대의 화재　　**하마다**: 쓰나미가 큰 주목을 받았습니다만, 이 부분에 대해 전문가 입장에서 말씀드리면, 그것 이외에도 감춰진 재해가 아주 많습니다. 그것을 전부 드러내지 않으면 안 된다고 생각합니다. 가장 큰 것은 바다 연안부 공장지대의 화재입니다. 도호쿠 지방, 도쿄 해안가 등 공장지대 화재가 다수 발생했습니다만, 그 실체를 공개해서 그것에 대한 대응도 준비해 가야 한다고 생각합니다. 쓰나미에게만 관심이 집중되어서는 안 된다고 생각합니다.

우라노: 이번 쓰나미 피해 지역에서는 고지대 이전 계획이 있다고 합니다만, 지역에 따라 절벽 붕괴 위험지대인데도 고지대라는 이유로 이전 후보지로 선정되기도 했다고 합니다. 그렇게 되면 지역 생활을 유지해 가는 것은 역시 여러 가지 리스크 밸런스 속에서 어떤 리스크를 어떻게 처리해 갈 것인지라는 점이 중대한 문제로 부상되며, 그 판단은 냉정하게 시간을 갖고 숙고해서 진행해야 한다고 생각합니다. 그런 토론에 견딜 수 있는 인재를 육성해 가지 않으면 안 되고 그러한 토론을 통해 찾아낸 발상을 잘 키워 가며 공유할 수 있는 시민사회 조직을 구상해 가지 않으면 안 된다고 봅니다. 대학 사명으로서는 이것이 중요하다고 생각합니다.

가마타: 이제 정리를 할 시간이 된 것 같습니다. 그러나 선생님들

의 발언이 아주 큰 무게감을 갖고 있어서, 오히려 독자 여러분들이 제1부와 제2부를 천천히 읽어 보고, 자신의 생각을 정리해 보는 것이 필요하지 않을까 싶습니다.

한편으로 제 자신은 사회과학 분야를 전문으로 하고 있어서 그런지 모르겠습니다만, 스즈무라 선생님의 지적에 매우 크게 공감합니다.

정보의 질과 의미 이번 지진 피해와 원전 사고를 통해 크게 느낀 것 중 하나는 정보 문제입니다. 지진 직후부터 정보 부족 현상이라든가 정보를 감추고 있다는 것입니다. 한편으로 현대사회는 여러 가지 수단을 통해 갖가지 정보들이 난립하기도 합니다. 이러한 정보 범람 속에서 무엇이 신용할 만한 정보인지를 전혀 알 수가 없는 상황이 되었고, 또 한편으로는 원자력 관계자의 문제를 보면, 그 정보를 가졌다는 것이 무슨 의미인지도 모르고 공포심만 선동해 가는 경우도 있었습니다. 그러한 와중에 전문가들이 정보의 질이라든가 정보가 가진 의미에 대해 정확한 학술적인 근거를 제시하면서 알기 쉽게 발신하지 않으면 안 된다고 강하게 느꼈습니다.

그리고 문부과학성 특히 과학기술이나 학술심의회에서도 리스크 커뮤니케이션이나 그 전제가 되는 국민의 과학기술 이해의 향상, 개선 등을 중요한 과제로 검토하고 있다고 합니다.

외국인이 모두 자신들 모국으로 돌아간 시기가 있었습니다. 외국에서는 지진 직후에는 정말 비참한 영상이 흘러나갔고, 일본 전체가 붕괴 상태에 있는 것같은 인상을 주었다고 합니다. 유학생과의 관계라든가, 지금 일본에서 어떠한 일이 일어나고 있는지를 외국으로 발신하는 것 등은 누가 책임을 지고 실천하는가라는 문제도 우리 자신의 문제로서 강하게 의식하기도 했습니다.

그러한 점에서도 역시 전문가 집단인 대학이 무엇인가 실천하지 않으면 안 된다고 생각해서 와세다대학에서도 하마다 선생님이나 오카 선생님께도 협조를 얻으면서 홈페이지를 통해 정보를 발신해 왔습니다. 그 연장선상에서 이 저서 시리즈가 있습니다만, 이는 매우 중요한 의미를 갖는다고 생각하고 있습니다. 이것은 대학 전체가 아니라 와세다대학출판부에서 시작한 기획입니다만, 매우 기쁘게 생각하고 있습니다. 스즈무라 선생님이 말씀하신 것처럼 이러한 어려운 문제에 대해서는 전문가들만이 합의점을 형성한다든지 정책을 제안해 가는 것은 너무 편협하다고 봅니다.

'제로'인가, '100'인가가 아닌 과학의 시점 물론 과학적 지식 독자적인 견해도 매우 중요합니다. 과학이 제로인가 백 퍼센트인가 결정된 발언을 하는 경우가 적습니다만, 앞서 우라노 선생님께서 말씀하신 것처럼 일반시민은 진실인가 거짓인가, 선인가 악인가와 같은, 좋아하는가 싫어하는가를 포함해 제로인가 백 퍼센트인가라는 발상에 사로잡힌다고 봅니다. 지금의 매스미디어도 예를 들어 '원전은 선인가 악인가'라고 보도하듯이 지진 이전보다 훨씬 이러한 경향이 강해지고 있다고 생각합니다.

시민들도 참가하여 의견을 합의하여 냉정하게 다음 정책을 결정해 가려고 한다면, 과학적인 지식은 100%나 0%인가가 아니고, 말하고 있는 것이 애매할 수도 있지만, 본래 과학이라는 것은 그러한 성질을 가진 것으로, 정책은 100%나 0%가 아니라는 것을 결정해 간다는 것을 적절하게 해독해서 정보를 제공하는 것이 중요하다고 봅니다. 바로 여기서 비로소 전문가와 시민의 커뮤니케이션의 전제가 형성되어 간다고 봅니다. 그러한 의견교환이 가능한 공통의 장소가 형성되지 않으면 조정의 폭은 확대되어 가지 않을 것이라고 생각합니다.

대학의 시민과 전문가 연계 그러한 의미에서 이 총서 기획은 고교생이나 대학생들에게 전문적 지식을 알기 쉽게 혹은 일반시민과 전문가들 사이의 커뮤니케이션을 좀더 전문적 지식에 근거한 강고한 것으로 확대시키는 계기가 될 것으로 기대합니다. 동시에 와세다 대학으로서는 학내에서의 다양한 분야 전문가들이 협동함으로써 상호간에 자극을 주고, 총합적인 시점을 가진 성과를 올린 활동의 하나로서 커다란 의의가 있다고 봅니다.

이번 좌담회를 포함한 총서 기획은 이러한 공동 작업의 시험대였습니다만, 이러한 움직임을 정착시키는 것도 다양한 분야의 조정과정을 거쳐 시민과 전문가들 사이의 커뮤니케이션을 개선해 가는 시도를 좀더 다각적으로 실시해 가고 싶다고 생각합니다. 그리고 교육에도 이러한 것에 대한 의식을 높여 감과 동시에 학생들에게 실천할 수 있는 기회를 제공해 가는 것이 필요하다고 생각합니다.

그러한 착실한 활동을 통해서 '진실인가 거짓인가, 선인가 악인가, 좋은가 싫은가'라는 이분법적 발상이 만연한 상황에서 탈피하여 전문가 집단과 시민 사이의 조정을 통해 강고한 기반을 형성해 가는 것, 이것이 고등교육기관으로서 대학에게 강하게 요구되는 것이라고 생각합니다. 그러한 방향에서 할 수있는 것을 저는 제 나름대로, 와세다대학은 와세다대학 나름대로 진행해 가고 싶습니다. 마지막까지 감사합니다.

엮은이

가마타 가오루鎌田薫

1948년생으로 시즈오카현静岡県 출신이다. 와세다대학 대학원 법학연구과 석사과정을 졸업했다. 현재 와세다대학 총장이다. 전공은 법학(민법, 부동산법, 프랑스법)이며, 주요 저서로《민법노트民法ノート·물권법物權法①》(제3판, 일본평론사, 2010),《입법학강의立法学講義》(공저, 상사법무, 2011) 등이 있다.

지은이

우라노 마사키浦野正樹

1950년 도쿄도東京都 출생으로 와세다대학 정치경제학부를 졸업했다. 와세다대학 대학원 문학연구과 박사과정을 수료했다. 와세다대학 제1·제2 문학부 조교수를 거쳐 현재 와세대대학 문학학술원 교수로 재직 중이다. 전공 분야는 사회학(지역사회학,재해사회학)이며, 주요 저서로는《한신·아와지대지진의 사회학阪神淡路大震災の社会学》제1-3권(공저, 소화당, 1999),《재해사회학 입문》,《부흥 커뮤니티론 입문》(공저, 홍문당, 2007) 등이 있다.

오카 요시아키岡芳明

1946년 오사카부大阪府 출생으로 도쿄대학대학원 공학계연구과 박사과정을 졸업했다. 공학박사로 도쿄대학공학부·공학계연구과 교수를 거쳐, 와세다대학 이공학술원 특임교수로 재직 중이다. 전공은 원자력학(에너지학)이며, 주요 저서는《Super Light Water Reactors and Super Fast Reactors》(공저, Springer, 2010),《원자로설계》(편저, 옴사オーム社, 2010) 등이 있다.

스즈무라 고타로鈴村興太郎

1944년 아이치 현愛知県 출신으로 히토쓰바시一橋대학 대학원 박사과정을 졸업했다. 경제학박사로 교토京都대학 경제연구소 조교수를 거쳐 히토쓰바시대학 경제연구소 교수를 역임하고, 현재 와세다대학 정치경제학술원 특임교수로 재직 중이다. 전공은 후생경제학,사회적 선택 이론, 공공철학이며, 주요 저서로는《후생경제학의 기초—합리적 선택과 사회적 평가》(이와나미岩波서점, 2009),《사회적 선택 이론·서설》(동양경제신보사,2012),《Choice, Opportunities, and Procedures : Selected Papers on Social Choice and Welfare》(Harvard University Press, 근간) 등이 있다.

하마다 마사노리濱田政則

1943년 가나가와 현神奈川県 출신으로 와세다대학 이공학부 토목공학과를 졸업했다. 도쿄대학 대학원 공학연구과를 졸업했다. 공학박사로 대성건설주식회사에 근무했고, 도카이東海대학 해양학부 교수를 거쳐 와세다대학 이공학술원 교수로 재직 중이다. 전공 분야는 지진방재공학·지반공학이며, 주요 저서로는《액상화의 위협》(총서명: 진재와 사회, 이와나미岩波서점, 2012),《도시 라이프라인 핸드북》(편저, 마루젠丸善, 2010) 등이 있다.

옮긴이

전성곤

2005년 3월 오사카대학 문학연구과 박사후기 과정을 졸업했다. 문학박사로 일본학을 전공했고, 현재 고려대학교 일본연구센터 HK연구교수로 재직 중이다. 주요 관심 분야는 일본 민속, 종교, 사상이다. 주요 저서로는《내적 오리엔탈리즘 그 비판적 검토》(소명, 2012),《일본 인류학과 동아시아(도리이 류조 최남선 이하 후유의 제국의식)》(한국학술정보, 2009) 등이 있다.

〈지진재해 이후를 생각하다〉 시리즈 간행에 부치는 와세다대학 출판부의 발간사

2011년 3월 11일 발생한 동일본대지진은 거대 지진과 쓰나미에 원전사고가 복합적으로 작용하여 인간의 상상을 초월하는 피해를 초래하였으며 그 충격은 전 세계를 경악시켰습니다. 이번 재해는 사람들의 사고방식과 행동 그리고 전제가 되는 제도에 대해 되묻는 계기가 되었고, 개인·조직·사회의 모든 면에 걸친 새로운 연구와 지식창조를 요구하는 사건이기도 하였습니다.

이러한 상황 아래, 일본을 대표하는 지적 공동체인 와세다대학에서는 지체 없이 부흥지원을 위한 여러 가지 행동을 취하였고, 동일본대지진 부흥연구 거점을 설립하였습니다. 또한 자원봉사자 파견을 비롯하여 재해 관련 연구와 이를 지원하기 위한 프로젝트를 활발히 전개해 나갔습니다.

와세다대학 출판부는 지식의 창조·보급·보존이라는 대학의 사명을 실현하기 위해 힘을 보태고자, 새로운 시리즈로서 와세다대학 Booklet 〈지진재해 이후를 생각하다〉의 간행에 착수하였습니다. 이 기획은 대진재의 참극을 딛고 일어서야 할 이재민들의 생활과 그들을 지원하는 활동, 그리고 이를 지지하는 연구 속에서 새로운 지식의 탄생을 모색하여, 그것을 관찰→분석→설명→행동…의 모든 단계에서 가능한 한 실시간으로 널리 사회에 제공하고자 하는 것입니다.

지식창조에는 완성이라는 것이 없고 늘 다음 단계의 과제를 향하게 마련입니다. 그런 까닭에 이 시리즈는 잡지의 기동성과 서적의 체계성을 겸비한 경쾌한 소책자 형태를 선택하였습니다. 또, 전문가와 실무자·시민·학생 등 각 계층이 읽기 쉽도록 편집하였고, 아울러 와세다대학이 포함하는 광대한 분야에 걸맞게 여러 가지 영역의 연구·지원 활동의 성과가 수록되었습니다. 후일 재해 극복과 부흥의 이야기들이 기쁨으로 회자될 때, 우리는 이러한 업적이 축적되어 크나큰 지식으로 가득 찬 백과사전으로서 많은 사람들에게 읽히기를 기대합니다.

부디 이 프로젝트에 독자로서, 그리고 저자로서, 참가해 주시기를 부탁드립니다.

2011년 11월
와세다대학 출판부

동일본대지진과 핵재난—와세다 리포트 12

재해에 강한 사회를 만들기 위하여

초판발행 1쇄 2013년 3월 11일

엮은이 가마타 가오루
옮긴이 전성곤
펴낸곳 고려대학교출판부
www.kupress.com
kupress@korea.ac.kr
136-701 서울특별시 성북구 안암로 145
02-3290-4230, 4232
Fax 923-6311

찍은곳 내일기획

ISBN 978-89-7641-812-8 04330
ISBN 978-89-7641-800-5 (세트)

값 9,000원

* 잘못 만들어진 책은 바꿔드립니다.